JN063650

キリスト教との出会い

はじめて知る キリスト教

本田栄一

Christianity for beginners

はじめに

　「私たちは、どのような時代に生きているのだろうか」と質問されて、どう答えるだろうか。「突然、そんなこと言われても、私には関係ない。それよりも、明日の宿題」と、忙しさに追われて、自分に関係のない世界の出来事には、目を向けることもなく過ごしているのが私たちの日常ではないだろうか。新聞を読み、テレビのニュースを聞いて、驚いたり、喜んだり、大変だと頭をかすめることはあっても、それ以上、知ろうとはしない。

　そのような自分に、これではいけないと、ささやく声が聞こえてくるのも事実だ。だからといって、今日から態度を入れ替えて、自分に直接、関係ないことに、関心を向けようとまでは思わない。パレスチナ紛争も、アフガニスタンへの爆撃も、私たちの生活には影響はないからだ。紛争や爆撃の渦中にある人々の現場がテレビで映しだされても、遠く隔たった人々の「声なき声」は伝わってこない。私たちが自分で聞こうとしない限り、小さく細く響いてくる声は届かない。耳をふさいだままで、いいのだろうか。

　私たちは、ある程度、世界の現状に関心をもち、何とかならないかと、時折いらだつ自分を知っている。しかし、自分ひとりでは変わるわけがないとあきらめてしまっている自分であることも知っている。

　幸いにも、日本に住んでいる私たちには学ぶ機会が与えられている。学んで知るとは、どういうことだろうか。学び、知るとは、少しずつ自分自身が変えられていき、新しい自分を発見し、世界の見方が変えられていく経験ではないだろうか。

ふだん目の当たりにしている現実、当たり前だと思っている日常を問い直すことから始めよう。そして、自分の頭で考え、心で感じとったことを言葉にして、お互いに意見を交わしながら、共に学んでいきたい。さらに、聖書という鏡に、自分を、世界を照らし合わせ、聖書が語りかけてくる声に耳を澄ませていこう。

目　次

カバーイラスト・田宮俊和　カバーデザイン・桂川　潤

第1章　キリスト教学校に学ぶ

学校の行き帰り。楽しいひととき。（メキシコ）

©桃井和馬

1　礼拝

「こういうわけで、兄弟たち、神の憐れみによってあなたがたに勧めます。自分の体を神に喜ばれる聖なる生けるいけにえとして献げなさい。これこそ、あなたがたのなすべき礼拝です。あなたがたはこの世に倣ってはなりません。むしろ、心を新たにして自分を変えていただき、何が神の御心であるか、何が善いことで、神に喜ばれ、また完全なことであるかをわきまえるようになりなさい」（ローマ12・1－2）。

①キリスト教学校の礼拝

キリスト教学校に入学して、まず驚くことは、入学式が礼拝形式で始まることではないだろうか。前奏があり、賛美歌を歌い、聖書の言葉を聴くはじめての体験は、それまで、礼拝に参加したことのない人にとっては、新鮮な体験であると同時に、戸惑いもあったかもしれない。

そして毎日が、多くの学校では朝の礼拝から始まる。キリスト教学校に入学して、最初に出会うのが礼拝である。

キリスト教学校では、創立以来、礼拝を大切にしてきた。「キリスト教学校とは礼拝する学校」であるともいわれる。なぜ、それほどまでに、礼拝を大切にしてきたのだろうか。私たちがキリスト教学校に学ぶ意味を考えるうえでも、なぜ、礼拝を大切にしているのか確認しておきたい。

過去の歴史をふりかえると、キリスト教学校で礼拝を守ることが禁止された時代がある。1899（明治32）年、「文部省訓令12号」によって、礼拝や聖書の時間、宗教行事を行うことが禁止された。「訓令12号」が発布された背景には、キリスト教が、キリスト教学校を通して広がること、そして、キリスト教学校が増えることに歯止めをかける

ねらいが政府にあったようだ。この「訓令12号」は、キリスト教学校に礼拝を続けるのか、それとも礼拝をやめるかの二者択一を迫った。そして、もし礼拝を続けるならば、文部省の認可する「学校」として認められないという決断を迫るものであった。特にこの選択を迫られて困難を強いられたのは、男子校であった。当時、「中学校」として認可されていた男子校では、「徴兵猶予の特典」「上級学校への入学資格」が認められていたが、もしも「中学校」としての認可が取り消されると、これらの特典を失うことになるからである。

　キリスト教学校にとって、学校の存続にかかわる重大な決断を迫られたときであった。礼拝を守るために、「学校」としての認可を返上し、あえて各種学校の道を選んだ学校と、残念ながら礼拝をやめてしまった学校がある。私たちの受け継いできた礼拝が、禁止され、非難された時代があったことを歴史の記憶としてとどめておきたい。

　学校の存続をかけてまで礼拝が守られてきたことを思い起こしたところで、礼拝を守ることの意義を確認しておこう。

　礼拝の時間は、生徒も教職員も、共に「真理」の前に頭をたれることによって、何がほんとうに大切かを繰り返し確認するときではないだろうか。学んでいることを、当たり前のこととしないで、自分の生き方と世界を通して見えてくる現実から目をそらさずに、自分をかえりみる時間が、礼拝の時間といえないだろうか。

　そして、聖書の言葉に聴くことによって自分を吟味し、私たちは自分がひとりで生きているのではなく、家族や多くの友人に支えられていることに気づき感謝する時間である。自分をかえりみる時間を忘れていると、いつのまにか私たちは自分の力を過信し、自分だけの力で生きていると錯覚してしまう。「真理」の前に立つことによって、ふだんは忘れている自分のほんとうの姿を知り、神の恵みによって生かされていることへの深い感謝の思いに気づかされるのも礼拝の時間といえるのではないだろうか。

②礼拝とは

　礼拝という言葉は、キリスト教だけでなく、日本では、他宗教でも「礼拝」という用語で、宗教儀式を表す意味に用いている。

　「礼拝」の語源としての「礼」（禮）は、「形よく整えた祭礼」を示す文字に起源をもち、形よく整えた作法や儀式、儒教的な背景の下での社会生活上の慣習などを意味している。「拝」（拜）は、「整ったささげ物＋手」の会意文字で、神前や身分の高い人の前に礼物をささげ、両手を胸もとで組んで敬礼をすることを示し、また、頭をたれて、神仏に敬意を示す語として用いられてきた。

　この日本語の「礼拝」の語源から読みとれることは、礼拝する者の礼儀、敬う心の表し方に重点がおかれ、身を修め、徳を高めるという個人の信仰心を養う儒教的な伝統が色濃く反映されているということだ。キリスト教の礼拝という意味を表す用語としては、必ずしも適切な言葉であるとはいえない。その理由を以下に確認しておこう。

　新約聖書で礼拝を表す語「レイトゥルギア」は、元来、ギリシアの都市国家の市民がなすべき公共の義務を意味していた。この語源から考えると、礼拝とは私的な務めではなく、公的な務めとして、また共同体の集まりとして参加することである。新約聖書には、そのほか「ラトレイア」「プロスクネオー」が礼拝を表す言葉として使われ、それぞれ「神に仕えること」「ひれ伏して、地にひざまずく」意味で用いられている。

　礼拝を表す英語には、worship（古英語 weorthscipe「何ものかに価値や尊敬を帰する」に由来し、神に最高の価値を帰すること）、service（奉仕）があり、ドイツ語では、Gottesdienst（神への奉仕）がある。

　これらの礼拝を表す用語から導きだせる、キリスト教の礼拝に共通する意味は、「神の前にひざまずき、仕えること」、「共に集うこと」、「神に最高の価値を帰すること」である。

③礼拝に参加する

　ローマの信徒への手紙12章1－2節は、ローマの信徒への手紙全体を要約したパウロの言葉である。ここでパウロは「礼拝」というキーワードを用いて、私たちの生活の中で、中心となり、もっとも大切にしなければならない要（かなめ）について述べている。

　ここでいわれている「からだをささげる礼拝」を、どのように理解すればよいのだろうか。

　古代のギリシア思想では、人間をからだ（肉体）とこころ（霊魂・精神）に分けて、からだを悪、こころを善ととらえ、善なるこころが悪なるからだから解放されることが人間の救いである、と考えていた。しかし、聖書では、人間を神からいのちの息を吹き込まれたからだをもつ存在としてとらえ、からだ全体を「神のかたち」に創造されたものと考え、からだとこころを分離し、善悪に分けて考えることはしないで、こころも含めて、広い意味で人間の「からだ」をとらえている。

　したがって、「からだをささげる礼拝」とは、こころとからだを分けないで、「からだ」全体で礼拝に参加するよう呼びかける言葉として受けとめたい。私たちが、この呼びかけにどのように応答するのか問われるのが、礼拝の時間である。

　聖書は、私たちの「からだ」は自分のものではなく、与えられたものであり、目に見えない「いのちの連鎖」によって支えられているからこそ尊いと語っている。神の恵みと多くの人々の支えによっていのちは生かされている。礼拝は与えられているいのちに感謝し、どのようにいのちを分かち合っていくのか、聖書の言葉に聴き、自分に確認するときであるといえないだろうか。

　礼拝では、私たちの「からだ」を感謝して受けとめ、隣人や世界の人々と共に、与えられている恵みをどのように分かち合っていくことが神によろこばれるのか、応答する時間として大切にしていきたい。

2　聖書

「初めに言があった。言は神と共にあった。言は神であった。この言は、初めに神と共にあった。万物は言によって成った。成ったもので、言によらずに成ったものは何一つなかった。言の内に命があった。命は人間を照らす光であった。光は暗闇の中で輝いている。暗闇は光を理解しなかった」（ヨハネ 1 ・ 1 － 5 ）。

①聖書に親しむ

はじめて聖書を手にした人は、分厚い本だと思うかもしれない。軽い文庫本を読み慣れている人にとっては、聖書は見ただけで、拒否反応を起こさせる部類の書物に入るだろう。しかし、はじめから、最後まで読破しようなどと気負う必要もない。ただ第一印象で、聖書はとても歯がたたない本であると決めつけないでほしい。

まず聖書の全体像をつかむために、ガイドブックとなる聖書物語を読むことをすすめたい。わかりやすい聖書物語を巻末の参考図書に紹介してあるので、自分が興味のある本を選んで、読んでいただきたい。

聖書物語を読んで、旧約聖書、新約聖書に何が書かれているのか、内容をおおまかにつかみとることで、聖書が身近に感じられるようになる。最近では映画の中にも、聖書の題材をテーマにした作品が数多くあるので、参考にしてほしい。聖書に親しむ機会をふやすことによって、新たな発見が生まれ、出会いへと導かれるだろう。

②聖書とは何か

世界のベストセラーといわれる聖書は、現在2508の言語に翻訳され、世界中の人々に読まれている。分冊なども含めて約 4 億部、国内では約88万部発行されている（日本聖書協会、2010年）。

キリスト教では旧約聖書と新約聖書をあわせたものを、「聖書」と

呼んでいる。

　旧約聖書は、39の文書でまとめられ、「歴史書（律法と歴史）」「諸書」「預言書」に区分され、配列されている。

　「歴史書」では、古代イスラエル民族の「過去」が記述されている。創世記の1－11章の「創造物語」は「原初史」と呼ばれ、神話的な物語を通して神と人間の基本的なあり方を示す一方で、神から離れていく人間の赤裸々な現実が描かれている。創世記12章から、イスラエル民族の前史ともいえる「族長物語」が始まり、モーセによる出エジプトの出来事からイスラエルの民族としての歴史が始まる。「歴史書」の語るイスラエル民族の歴史の中心には、神からイスラエルの人々に与えられた「律法」がある。律法とは、神に従うための約束事であり、何をすべきか、すべきでないかが具体的に示されている。ユダヤ教の伝統的な区分では、創世記から申命記までの最初の五書を「律法」（トーラー）と呼んでいる。

　「諸書」には、「現在」を生きるための知恵や教訓、賛美と祈り、詩歌などが含まれている。神の呼びかけにどのように人間は応答するのかという主題をさまざまな文学形式で描いている。

　「預言書」は、紀元前8世紀から紀元前5世紀にかけて活動した預言者の行動と言葉を書きとめている。預言者とは抽象的に未来を語るのではなく、神の言葉を預かり、具体的な歴史にかかわる「未来」を語り継ぐ役割を担った人である。預言書はイスラエルの人々が困難や危機に直面したとき、預言者から神の前に進むべき道を示され、希望をもって歩んだ足跡を記している。

　聖書は「契約の書」といわれる。お互いに合意した内容を確認して約束を交わすのが契約である。聖書では神と人、神と民族との間で約束を結ぶ意味で使われる。旧約聖書では、神がイスラエル民族を選び、契約を結んだのは、神の側からの一方的な恵みによることを想起するよう求めている。この契約の内容を具体的に示したのが「律法」であ

る。その律法の中心が「十戒」（出エジプト記20・2－17、申命記5・6－21）であり、この戒めを守ることをイスラエルは求められたが、イスラエルの人々はこの約束を果たせなかった。そこで、神は預言者を通して「新しい契約」（エレミヤ書31・31）を伝えた。「新しい契約」とは、イエス・キリストによってもたらされる「十字架」に示された救いの約束であり、そのよろこびの知らせを伝えるのが新約聖書である。旧約聖書はイエス・キリストを預言し、新約聖書はイエス・キリストを証言しているともいえるだろう。

新約聖書は27の文書からなり、旧約聖書と同じように3つに区分できる。

はじめの4つの福音書は「過去」のイエスの生涯と教えを描き、マタイ、マルコ、ルカによる3福音書は共通の資料を使い、共通の観点で書かれているので「共観福音書」といわれる。使徒言行録はイエスの後継者である使徒たちの活動と初代教会の歴史を記録している。

渡辺禎雄「降誕」

次に、「現在」の初代教会の読者に宛てた手紙である。パウロの名前が付された手紙は10通あるが、パウロの後継者によって書かれたものも含まれている。そのほか教会の個人宛ての「牧会書簡」、より広範囲の読者に宛てた「公同書簡」といわれる文書がある。

最後に、「未来」にかか

わる内容を含む黙示文学の形式で書かれた「ヨハネの黙示録」がある。黙示とは、元来「隠されていたものの覆いを取り除く」という意味があり、黙示文学は人間の歴史や苦難の意義を、幻や象徴的表現を用いて明らかにし、迫害下にある人々に勇気と未来への希望を与える意図をもっている。「ヨハネの黙示録」は、ローマ帝国の迫害下にある人々に慰めと励ましの言葉を伝えている。

③聖書に聴く

「太初に言あり、言は神と偕にあり、言は神なりき。この言は太初に神とともに在り、萬の物これに由りて成り、成りたる物に一つとして之によらで成りたるはなし。之に生命あり、この生命は人の光なりき。光は暗黒に照る、而して暗黒は之を悟らざりき。

……

もろもろの人をてらす真の光ありて、世にきたれり。彼は世にあり、世は彼に由りて成りたるに、世は彼を知らざりき。かれは己の国にきたりしに、己の民は之を受けざりき。されど之を受けし者、即ちその名を信ぜし者には、神の子となる権をあたへ給へり。斯る人は血脈によらず、肉の欲によらず、人の欲によらず、ただ、神によりて生れしなり。言は肉体となりて我らの中に宿りたまへり、我らその栄光を見たり、実に父の独子の栄光にして、恩恵と真理とにて満てり」（ヨハネ1・1－5、9－14、文語訳）。

1549年、イエズス会の創立者の一人であるフランシスコ・ザビエル（1506－1552）が鹿児島に上陸したとき、ラテン語の聖書と共に持参した「マタイ福音書」の一部に最初の日本語訳聖書があったと伝えられている。プロテスタントでは、1837年、カール・ギュツラフ（1803－1851）が、ヨハネによる福音書とヨハネの手紙を日本語に訳し、出版したことが知られている。1880（明治13）年には、ヘボンを中心とする翻訳委員社中（委員会）によって新約聖書が刊行され、

1887（明治20）年に旧新約聖書があわせて刊行された。この聖書は、「明治訳」と呼ばれ、今日も「文語訳」として用いられている。その後、新約聖書は、1917（大正6）年に改訳され、『大正改訳新約聖書』として用いられている。

　その後、1950（昭和25）年に改訂作業が始まり、1954年に新約聖書、翌年に旧約聖書の新たな翻訳が完成し、『口語訳聖書』として親しまれてきた。現在、普及している『聖書　新共同訳』は、1987年、カトリック教会とプロテスタント教会が協力して翻訳し、刊行された。『新共同訳』が生み出された背景には、1962年から65年にかけて開催された第2ヴァティカン公会議の成果のひとつであるカトリック教会とプロテスタント教会が一致して、共同作業をすすめるエキュメニカル運動の推進が大きく影響している。『聖書　新共同訳』が刊行されたことは、両教会にとって共に共通の聖書を読むという新たな歴史の出発点となったといえるだろう。

　ところで、聖書を読むには、どのような方法があり、どのように読むのがふさわしい読み方なのだろうか。はじめて読む人には、必要に応じてわかりやすい辞典や解説書を参照しながら、読むことをすすめたい。しかし、聖書の解説書の知識だけでわかったつもりになるのではなく、聖書の言葉に聴く習慣を大切にしていきたい。

　冒頭に引用した『聖書　新共同訳』の箇所を、文語訳で声を合わせて読んでみよう。声に出すと、一人で黙読する場合とは、違った味わいがあるはずである。元来、礼拝の中で聖書は、声に出して読まれてきた。イエスも、安息日に会堂に入り、聖書を朗読したと記されている（ルカ4・16）。大きな声で朗誦され、会堂に響きわたる聖書の語りかけを全身で聴く、それが聖書を読む基本である。私たちも、聖書の言葉に聴く姿勢を整え、折にふれて、聖書を声に出して読むことをこころがけてみよう。

3　賛美

全地よ、主に向かって喜びの叫びをあげよ。

喜び祝い、主に仕え

喜び歌って御前に進み出よ。

知れ、主こそ神であると。

主はわたしたちを造られた。

わたしたちは主のもの、その民

主に養われる羊の群れ。

感謝の歌をうたって主の門に進み、

賛美の歌をうたって主の庭に入れ。

感謝をささげ、御名をたたえよ。

主は恵み深く、慈しみはとこしえに

主の真実は代々に及ぶ。

（詩編100・1―5）

①賛美の歴史―Ⅰ

　西洋音楽の基本となる「ドレミ」の音階を考案したのは、中世イタリアのベネディクト会の修道士アレッツォのグィード（992－1050）である。彼は「バプテスマのヨハネの祝日賛歌」にもとづいて、ドレミの音階名をつけた。この賛歌は6行からなり、第1行はハ音から始まり、ラテン語歌詞の第1行以下の最初の文字であるUt, re, mi, fa, so, laを、ハニホヘトイの音階を示す文字として使ったのがドレミの始まりである。最初のUtは発音しにくいので、後に「ド」に変更され、さらに、後の時代に「シ」の音が追加された。そのほか、グィードは4線楽譜の考案など、西洋音楽の発展のために重要な貢献をしたことで知られている。

西洋音楽の歴史は、キリスト教音楽の歴史と共に発展してきたことが、「ドレミファソラ」のエピソードからも理解できるだろう。

　ところで、賛美の歴史をたどると、初代教会において「詩編と賛歌と霊的な歌」（エフェソ5・19、コロサイ3・16）が歌われていたと記されている。この3種類の歌の中で最も古いのは旧約聖書にまとめられている150編の「詩編」である。「詩編」は賛美と祈りの歌として旧約聖書の時代から、イエスの時代を経て、今日まで歌われてきた。ユダヤ教の礼拝では、現在でも「詩編」が賛美と祈りの中心的役割を担っている。キリスト教は、ユダヤ教の賛美する伝統を受け継いできたといえる。

　カトリック教会では毎日の「聖務日課」として、詩編とカンティクム（聖書の中の賛歌）が歌われ、詩編を交互に歌う「詩編交唱」という習慣が生まれ、その後の教会に受け継がれてきた。この「聖務日課」や「ミサ」（礼拝）の中で歌われてきた単旋律聖歌が、「グレゴリオ聖歌」である。教皇グレゴリウス1世（540－604）にちなんで「グレゴリオ聖歌」と呼ばれているが、実際には9世紀以降に成立したと考えられている。

　②賛美の歴史－Ⅱ

　宗教改革の時代をむかえるまでは、「聖務日課」や「ミサ」で賛美するのは聖職者に限られていた。16世紀に入り、宗教改革の三大原理である「聖書のみ」「信仰のみ」「万人祭司」が確立していくと共に、礼拝にも改革の兆しがみえはじめた。特に、神の言葉に対する応答として、会衆が賛美に参加することが提唱された。その背景には、神の前の平等をめざした「万人祭司」の考え方がある。「神のゆるしの恵みにあずかって、すべての人が、神の前に立つことができ、神の恵みを信じる者は誰でも聖職者である」という信仰理解にもとづいて、すべての人が賛美する「会衆賛美歌」が誕生した。

　宗教改革以後、カトリックの礼拝形式によりながら、ルター派の教

会では「会衆賛美歌」（コラール）が歌われるようになった。カトリック教会で歌われてきたグレゴリオ聖歌は、ラテン語の歌詞であり、旋律も複雑で、専門的な訓練を受けなければ、会衆が歌うことは困難であった。そこで、「コラール」と呼ばれた「会衆賛美歌」には、ドイツの民衆が親しみをもって愛唱してきた民謡の旋律が採用され、その旋律に、母国語（ドイツ語）の歌詞がつけられた。ルターの作詞によるコラールも36曲あり、そのうちのいくつかを作曲している。16世紀末より、コラール旋律は、4声体の和声づけをされて、今日の賛美歌の基礎となった。

　17世紀以降、声楽、器楽、オルガン曲に編曲された作品もコラールと呼ばれるようになった。特に17－18世紀前半にかけて、オルガンと合唱曲の分野で作曲されたコラール編曲の作品は、プロテスタント教会の礼拝音楽の中心的役割を果たした。

　ルター派の信仰を継承することが家訓であったバッハ一族に生まれたヨハン・セバスティアン・バッハ（1685－1750）は教会カンタータ（礼拝音楽）を200曲余り残しているが、このカンタータの中心にコラールが用いられている。ルター派の礼拝では、教会暦にもとづいて朗読される福音書が定められており、教会カンタータは教会暦に定められた聖書箇所に即して作曲された。そのほか、コラールに関連する作品として重要なのは、「オルガン小曲集」である。45のコラール前奏曲からなり、教会暦の祝日の礼拝で用いられるために作曲された。この小曲集は、コラールの旋律と歌詞の内容が統一された作品で、オルガニストのための賛美歌集ともいわれる。

③賛美歌とは

　宗教改革以後、ドイツでは、会衆賛美歌としてコラールが歌われるようになったが、スイスやフランスでは詩編歌が歌われた。なかでもフランスの宗教改革者カルヴァン(1509－1564)が150編の詩編をフランス語の韻文に訳した「ジュネーブ詩編歌集」はよく知られている。

その後、詩編歌はイギリス、スコットランドにも広がり、英語の詩編歌がつくられた。宗教改革は、礼拝の中に会衆が歌うコラールや詩編歌などの賛美歌を導入することにより、会衆による賛美を回復し、礼拝そのものを改革する運動であったといえるだろう。

日本では、1874年に各教派ごとの賛美歌集がつくられ、1903年に各教派共通の賛美歌集が刊行された。その後、1931年と1954年の改訂を経て『讃美歌』が刊行された。しかし、戦後まもない時期に改訂されたために、歌詞の言葉遣いの問題など、礼拝にふさわしい賛美歌に改訂する作業は不十分なままに終わった。

『讃美歌21』は『讃美歌』（1954年版）の改訂版として、長い間準備されて1997年に刊行された。私たちが生き生きとした賛美の礼拝をささげられるように願い、『讃美歌21』は、礼拝に用いるにふさわしい賛美歌を中心に編集されている。特色として第一にあげられるのは、賛美の源泉である「詩編歌」が、単旋律聖歌からジュネーブ詩編歌、スコットランド詩編歌、現代の詩編歌まで含めて60曲も収録されていることである。教会暦や行事に適したふさわしい詩編歌を選ぶことができる。第二に礼拝に用いられる基本的な賛美歌を中心に編集され、現代という時代に対応するエキュメニカル（教会一致促進運動）な視点から、世界各国、各民族の多様な賛美歌が採用されている。

礼拝に積極的に参加し、豊かな礼拝をささげるためにも『讃美歌21』を活用し、現代に生きる私たちにふさわしい新しい賛美歌を歌う機会をふやしていきたい。

各賛美歌の歌詞・曲の解説は、『讃美歌21略解』を参照しよう。

4　祈り

神さま　祈ることを教えてください
どう祈ったらよいかについて
あなたがいちばん望んでおられることを

どうか　わたしたちに教えて
　くださいます
あなたは　わたしたちのつた
　ない祈りを
お叱(しか)りにもならず聞いてくだ
　さいます
ありがとうございます
祈りをさまたげるものが多く
　あります
祈りはいつも妨害を受けてい
　ます

デューラー「祈りの手」

だからこそわたしたちは祈ります
わたしたちは祈りによって成長します
わたしたちは祈りを通して前進します
あなたがそうさせてくださいます
だから　わたしたちもそうします
ありがとうございます
神さま　祈るこころを与えてください
どうか　祈ることばも教えてください
自分の求め　願いが中心でなく
あなたがいちばんよしとされる祈りを
正直に単純に　おささげできますように
　　　　　（関　茂『今この時 この祈り』日本キリスト教団出版局）

①祈りとは何か
　中学1年生に、「自分をふりかえって、どのようなときに祈ったか」
質問すると次のような答えが返ってきた。
　自分を安心させ心を落ち着かせたいとき／合格祈願や苦しい時の神
頼み／物事が自分の都合のいい方向に進むように／自分の力ではどう

にもならないとき／何かにすがりたいとき／自分の考えが行き詰まり、誰かに聴いてほしいとき／誰にも言えない悩みを抱えているとき／身近な人が病気になったとき。

　特定の宗教や神仏は信じていなくても、同じような気持ちや願いをこめて祈った経験をもつ人は多いのではないだろうか。祈るとは、誰もが思い当たる共通の経験といえるのかもしれない。

　ところで、「祈る」とはどのような意味があるのだろうか。祈るという文字の「斤」は、物に斧の刃を近づけた形を描いた象形文字ですれすれに近づく意味を含む。「祈」は、「示（祭壇）＋斤」の組み合わせで「目ざすところに近づこうとして神に祈ること」を意味する。

　宗教によって祈り方には違いがある。仏教では合掌をする。これはインド古来の敬礼の作法が、仏教と共に日本に入ってきたためといわれる。神道では柏手を打つ。柏手は、日本の古代の敬礼法で、元来は「拍手」であったと考えられている。

　キリスト教では祈るとき、声に出して祈る場合（口祷）と沈黙の祈り（黙祷）がある。自分で唱える祈りと祈祷文を唱える形式があり、また、個人的に祈るだけでなく、礼拝では、共同の祈りが大切にされてきた。

　宗教学者の岸本英夫は「祈りとは、神と、その神を信ずる人との間の、心と心の交わりである。神との会話である」と祈りの意味を説明している。祈るとき、私たちはどのような思いを抱いて祈ってきたか、かえりみる必要はないだろうか。

　②キリスト教の祈り

　今まで、どのようなときに祈ったのかふりかえると、「困ったとき、苦しいときの神頼み」の場合が多いのではないだろうか。藁をもつかみたい気持ちで祈ることが間違っているとはいえない。祈る以外に解決の方法がないとなれば、誰でも祈りたくなる。しかし祈りは、独り

言ではなく、必ず呼びかける相手があるはずだ。私たちが祈るとき、相手がどのような存在であるかもわからずに語りかけているとしたら、残念ながらその祈りは相手に届いていない。相手もわからずに、自分の都合や利益だけを考えて祈るのではなく、はっきりと神を信じて、神の前に心をひらいて自分の言葉で祈るようにしたい。

16世紀の宗教改革以後、教会では、聖書の教えを正しく伝えるために信仰問答による教育が始まり、多くの信仰問答集が刊行され、その中のひとつに『ハイデルベルク信仰問答』（1563年）がある。この問答集に「なぜキリスト者には祈りが必要なのですか」（問116）という問いがあり、「祈りは、神が私たちにお求めになる感謝の最も重要な部分だからです」と答えている。

私たちは祈るとき、まず感謝の言葉から始めよう。自分の力で生きているのではなく、「いのち」という贈り物を与えられ、多くの人々に支えられて生かされていることに感謝する気持ちを自分の言葉で表していこう。

祈りは、キリスト者の呼吸であるといわれてきた。日常生活と祈りは、切り離せない関係にあることを示唆している。日常生活の中で祈りを大切にするには、食事の前に、就寝する前に、感謝の祈りをささげる習慣をつけることもひとつの方法である。そして、心の中で祈る沈黙の祈り（黙祷）も大切にしていきたい。祈りが呼吸であるとは、私たちを根源的に支えている「いのち」から離れてしまうことを戒める言葉として心に留めておきたい。

③主の祈り
「朝早くまだ暗いうちに、イエスは起きて、人里離れた所へ出て行き、そこで祈っておられた」（マルコ１・35）。

福音書には、たびたびイエスが群衆から離れて、ひとり静かに祈る姿が描かれている。イエスは神に「アッバ」と呼びかけ、祈ったとい

われる。「アッバ」とは、アラム語で日常的に使われていた、幼児が父親に呼びかける言葉であるにもかかわらず、イエスはその子どもの表現を用いて、親しみをこめて「アッバ、父よ」と呼びかけている。祈りの最後に「イエス・キリストの御名によって」と唱えるのは、イエスが共に祈ってくださり、共に神に呼びかけてくださっていることを意味している。

　キリスト教の祈りで最もよく知られている祈りは、「主の祈り」（マタイ6・9－13、ルカ11・2－4）である。イエスが祈りの模範として弟子たちに教えた祈りである。

　「主の祈り」は「天にまします我らの父よ」という呼びかけで始まる。「我ら」という複数形からも明らかなように、個人の祈りではなく、「私たちの祈り」としてささげるところに特色がある。「父よ」という呼びかけは、当時の人々が神をイメージした表現である。本来、聖書の伝える神は、性別を越えた存在であり、また、母性も父性も兼ね備えた存在である。

　「主の祈り」は、礼拝の中で、また、個人で唱えるときも、「私たちの祈り」としてささげられる。世界の人々と共に「一つとされる」ように願い、ひとりひとりに自覚を促す祈りである。「主の祈り」は「世界を包む祈り」と言われてきた。「我らの日用の糧を与えたまえ」という願いも、自分の生活が満たされるよりも、世界の人々と生活に必要なものを分かち合う責任が、私たちに与えられていることを覚える祈りである。

　最後に、私たちは祈りが「アーメン」という言葉で終わる意味を『ハイデルベルク信仰問答』から確認しておこう。

　「アーメンとは、これは真実であり、確実という意味です。すなわち、私が心の中で何かを求めていると感じているよりもはるかに確実に、神は私の祈りを聞いて下さる、という意味です」（問129の答）。

5 教会

「わたしはまことのぶどうの木、わたしの父は農夫である。わたしにつながっていながら、実を結ばない枝はみな、父が取り除かれる。しかし、実を結ぶものはみな、いよいよ豊かに実を結ぶように手入れをなさる。わたしの話した言葉によって、あなたがたは既に清くなっている。わたしにつながっていなさい。わたしもあなたがたにつながっている。ぶどうの枝が、木につながっていなければ、自分では実を結ぶことができないように、あなたがたも、わたしにつながっていなければ、実を結ぶことができない。わたしはぶどうの木、あなたがたはその枝である。人がわたしにつながっており、わたしもその人につながっていれば、その人は豊かに実を結ぶ。わたしを離れては、あなたがたは何もできないからである」（ヨハネ15・1－5）。

①教会の誕生
　イエスは、各地の会堂で宣教活動をしたと福音書には記されている。この会堂とは、ユダヤ教の会堂（シナゴーグ）である。教会は、イエスの死後、誕生した。使徒言行録2章にはその出来事が記されている。
　「五旬祭の日が来て、一同が一つになって集まっていると、突然、激しい風が吹いて来るような音が天から聞こえ、彼らが座っていた家中に響いた。そして、炎のような舌が分かれ分かれに現れ、一人一人の上にとどまった。すると、一同は聖霊に満たされ、"霊"が語らせるままに、ほかの国々の言葉で話しだした」（使徒2・1－4）。
　五旬節（ペンテコステ）とは、元来ユダヤ教の祭りで「刈り入れの感謝祭」であったが、キリスト教では、初代教会の誕生の日として、「聖霊降臨日」として記念している。使徒言行録2章には、イエスの十字架の出来事から数えて50日目の五旬節の日に、エルサレムに集まっていた弟子たちが不思議な体験をし、意気消沈していた弟子たちが

再び元気をとりもどした記事が記されている。復活したイエスに、弟子たちは「都にとどまっていなさい」と励ましの声をかけられたにもかかわらず、不安を抱き、まとまりを失いかけていた矢先に、「一つ」に集められる出来事が起こった。それが聖霊降臨の出来事であり、教会の誕生である。五旬節の物語は、キリスト教がユダヤ人だけではなく、民族や言語の異なる人々の間に、そして、地中海世界全体に広まっていったことを示すと共に、多民族・多文化共生の共同体としての教会を描いているともいえるだろう。

　教会といえば、建物や組織をイメージするが、元来、人々の集まりをさす「エクレーシア」というギリシア語の「市民の集会」を意味する語が転用されて、「召し集められた者の集まり」として教会に用いられた。子どもから高齢者まで、さまざまな人々が共に集い、交流する場が教会である。そして、子どもと大人が共に賛美し、聖書の言葉に聴く礼拝が、教会の本来の姿である。

　②主日礼拝と教会暦

　旧約聖書には、安息日は労働しないで、休息するよう命じられている（出エジプト記20・8－11）。ユダヤ教では、週の最後の日（金曜日の日没から土曜日の日没まで）を他の日と区別し、礼拝の日として守ってきた。この安息日の規定は、今日まで継承され、ユダヤ教徒は、安息日には、家庭と会堂で礼拝を守っている。

　キリスト教では、イエスが十字架にかかり、三日目に復活した週のはじめの日（日曜日）を「主の日」と呼んで集まり、ユダヤ教の安息日に代わって主日礼拝を守るようになった。さらに、キリスト教を公認したコンスタンティヌス１世が、日曜日を休日とする法令を321年に発布したことにより、日曜日は主日礼拝と休日が重なる日となった。

　イエス・キリストの生涯の主な出来事を、１年を通して記念する暦を教会暦という。待降節第１主日から始まり、降誕、受難、復活、聖霊降臨と続く。教会暦の基本的な構成は各教派とも共通しているが、

祝日の名称、日付などには違いがある。

1. 待降節　クリスマス前の4番目の日曜日から始まる期間。
2. 降誕日　イエスの誕生を祝う。
3. 公現日（こうげん）　キリストが人々に栄光を現されたことを記念する。
4. 受難節　復活祭前の40日間、イエスの十字架の苦難を覚える。
5. 灰の水曜日　四旬節の最初の日。
6. 棕櫚の日曜日（しゅろ）　復活祭直前の日曜日。エルサレム入城を記念する。
7. 受難週　復活祭前の1週間。聖週間。
8. 洗足木曜日　受難週の木曜日。
9. 受難日　イエスが十字架刑に処せられた日。聖金曜日。
10. 復活日　受難日の翌々日の日曜日。復活したキリストを記念する。
11. 聖霊降臨日　復活から50日目の日曜日。教会とその宣教活動の始まりを記念する。

③教会とキリスト教学校

　キリスト教学校は、教会によって建てられた学校である。現在はキリスト教学校と呼ばれているが、過去にはミッション・スクール（キリスト教伝道のために設立された学校）と呼ばれた時代がある。多くのキリスト教学校はミッション・スクールとして設立されている。

　19世紀後半、欧米の教会はキリスト教を伝えるために伝道、教育、社会奉仕を行う伝道団体（ミッション・ボード）を設立し、伝道団体から派遣された宣教師が、日本各地で宣教活動を展開した。しかし、最初のプロテスタントの宣教師が日本に来日した頃は、まだキリスト教禁制下であり、宣教師として活動することは禁止されていた。1873（明治6）年、「キリシタン禁制の高札（こうさつ）」が撤去され、来日する宣教師が増え、伝道活動も盛んになり、宣教師たちは私塾や家塾を開き、英学、医学などを教え始めた。最初のミッション・スクールはこのような私塾や家塾から誕生した。

明治・大正期のミッション・スクールは、宣教師や日本人キリスト者によって、教育を通してキリスト教の伝道をすることが教育の目的であった。ミッション・スクールをキリスト教学校と呼称をあらためたのは、キリスト教にもとづく教育をする学校であることを明確にするためである。現在のキリスト教学校は、公教育の一部をにない、キリスト教を建学の精神としている学校である。

　日本への伝道を志し、幾多の困難を乗り越えて学校を設立した宣教師の働きを通して、豊かに実を結んだ結果が、今日のキリスト教学校といえるだろう。私たちは、創立者たちがどのような願いをもって学校を設立したのか、「建学の精神」をどのように活かしていくのか問いつつ、キリスト教学校に学ぶ意味を模索していこう。そのためにも、日曜日には教会の礼拝に自発的に出席するようこころがけたい。キリスト教学校が、日曜日を大切に守ってきたのは、生徒も教職員も共に教会の礼拝につらなることによって「ぶどうの枝」として、「わたしにつながっていなさい」という呼びかけに応えるためである。イエス・キリストは自らを「まことのぶどうの木」と宣言し、自分につながっていれば実を結ぶと約束している。この約束の言葉を心にとめて歩んでいきたい。

第2章 21世紀を生きる
自分を見つめ、世界を考える

戦いが続く国で傷つくのは、いつも社会で一番弱い者たちだ。（アンゴラ）

©桃井和馬

1　『二十一世紀に生きる君たちへ』を読む

① 『二十一世紀に生きる君たちへ』を読んで、話し合う

司馬遼太郎さんは歴史小説家である。

下記の文章は、司馬さんが小学校 6 年生の教科書に『二十一世紀に生きる君たちへ』というテーマで寄稿したエッセイの一部である。将来への希望を、子どもたちに語る司馬さんからのメッセージを読みとり、お互いに感じたこと、気づいたこと、考えたことを感想文にまとめてみよう。そして、それぞれの感想文をもとにしてグループで意見を交換してみよう。

「むかしも今も、また未来においても変わらないことがある。そこに空気と水、それに土などという自然があって、人間や他の動植物、さらに微生物にいたるまでが、それに依存しつつ生きているということである。

自然こそ不変の価値なのである。なぜならば、人間は空気を吸うことなく生きることができないし、水分をとることがなければ、かわいて死んでしまう。

さて自然という『不変のもの』を基準に置いて、人間のことを考えてみたい。

人間は──くり返すようだが──自然によって生かされてきた。古代でも中世でも自然こそ神々であるとした。このことは少しも誤っていないのである。歴史の中の人々は、自然をおそれ、その力をあがめ、自分たちの上にあるものとして身をつつしんできた。

その態度は近代や現代に入って、少しゆらいだ。

──人間こそ、いちばんえらい存在だ。

という、思いあがった考えが頭をもたげた。二十世紀という現代は、ある意味では、自然への恐れがうすくなった時代といっていい。

同時に、人間は決しておろかではない。思いあがるということとはおよそ逆のことも、あわせ考えた。つまり、私ども人間とは自然の一部にすぎない、というすなおな考えである。

　このことは、古代の賢者も考えたし、また十九世紀の医学もそのように考えた。ある意味で平凡な事実にすぎないこのことを、二十世紀の科学は、科学の事実として、人々の前にくりひろげてみせた。

　二十世紀末の人間たちは、このことを知ることによって、古代や中世に神をおそれたように、再び自然をおそれるようになった。

　おそらく、自然に対しいばりかえっていた時代は、二十一世紀に近づくにつれて、終わっていくにちがいない。

　『人間は、自分で生きているのではなく、大きな存在によって生かされている』と、中世の人々は、ヨーロッパにおいても東洋においても、そのようにへりくだって考えていた。

　この考えは、近代に入ってゆらいだとはいえ、右に述べたように、近ごろ再び、人間たちはこのよき思想を取りもどしつつあるように思われる。

　この自然へのすなおな態度こそ、二十一世紀への希望であり、君たちへの期待でもある。そういうすなおさを君たちが持ち、その気分をひろめてほしいのである。

　そうなれば、二十一世紀の人間は、よりいっそう自然を尊敬することになるだろう。そして、自然の一部である人間どうしについても、前世紀にもまして尊敬し合うようになるにちがいない。そのようになることが、君たちへの私の期待である」（司馬遼太郎『十六の話』中央公論新社、『小学国語　六年』大阪書籍株式会社にエッセイの全文が掲載されている）。

②歴史から学んだ人間の生き方の基本

　このエッセイは、数多くの歴史小説を残した司馬さんが、「歴史か

ら学んだこと」を要約し、子どもたちに伝えたいメッセージとしてまとめたものである。前半は、司馬さんが、歴史から何を学んだのか、後半は、自分が、歴史から学んだことを若い人々に、どう役立ててほしいかを、語りかけている。

　司馬さんはエッセイの前半で、歴史とは何かと問われて、自分の考えを次のように述べている。

　「それは、大きな世界です。かつて存在した何億という人生がそこにつめこまれている世界なのです」

　「過去の歴史」から私たちが学ぶことは、「かつて存在した何億という人生がそこにつめこまれている世界」を生きた人々の記憶から、どれだけゆたかな物語を引きだせるかにかかっていると言いかえてもよいのではないか。過去の人々の記憶の中から、何を引き出すかによって、私たちの世界の見方は、大きく変わってくるだろう。

　後半のはじめには、自己を確立することが呼びかけられている。新たな世紀に入り、科学・技術がさらに発展していくことを見越して、科学・技術が誤って使われたり、暴走することがないように用いていくためには、自己を確立する必要がある。20世紀は「戦争の世紀」であったことをふまえて、21世紀を世界の人々とどのように生きていくのか、そして、自己を確立するとはどういうことなのか、自分への問いとして受けとめ、考えていきたい。司馬さんが、私たちに伝えてくれたメッセージとは、「希望をもって生きる」というゆるぎない確信であったことを心にとめておこう。

　③黙想　　見えないものに目を注ぐ
　「だから、わたしたちは落胆しません。たとえわたしたちの『外なる人』は衰えていくとしても、わたしたちの『内なる人』は日々新たにされていきます。わたしたちの一時の軽い艱難は、比べものにならないほど重みのある永遠の栄光をもたらしてくれます。わたしたちは見えるものではなく、見えないものに目を注ぎます。見えるものは過

ぎ去りますが、見えないものは永遠に存続するからです」（Ⅱコリント 4・16−18）。

「見えるものではなく、見えないものに目を注ぐ」とは、私たちが、ふだん見ていることと、どのような関連があるのか。

「見えないものに目を注ぐ」とは、想像力を働かせて「見えるもの」をしっかりと見きわめることではないだろうか。

「人間こそ、いちばんえらい存在だ」という思いあがった考えは、司馬さんも、指摘しているように、自然をよく見ていない考えから生まれてくるのではないか。自然を深く見つめることで新たに見えてくるのは、「人間は、自分で生きているのではなく、大きな存在によって生かされている」ということであり、私たちが、ふだん気づいていない「目に見えない世界」があることに気づかされることでもある。

「見えないものに目を注ぐ」ことによって、私たちに見えてくる「確かな希望」があるというのが、聖書の語るメッセージである。司馬さんの言葉を引用すれば、「大きな存在によって生かされている」という深い思いから生まれる希望である。人は希望に支えられて生きている。「外なる人」は絶望しそうになることがあっても、「内なる人」は「見えないもの」につなぎとめられて新たにされていく。私たちは「確かな希望」に支えられ、未来へ向かって勇気を与えられて歩んでいきたい。

2　『世界がもし100人の村だったら』を読む

①「世界がもし100人の村だったら」

情報伝達の道具として、最近はインターネットを利用する人が増えている。友人とメールで連絡をとりあうのも当たり前になってきている。Ｅメールを使えば瞬時にして外国にいる友人とも連絡がとれる。インターネットを上手に使いこなせば、世界の人々と手をつなぐこと

が可能な時代である。

　この便利な道具を利用して、世界中を駆け巡ったメールを以下に紹介する。このメールは、2001年3月、国際友情週間のメッセージとしてドイツの友人から送られてきたメールを、中野裕弓さんが翻訳したものである。このメールの元になったエッセイの原作者は、環境学者のドネラ・メドウズさんといわれている。

　　もしも今日がついていない一日だと感じたあなたも
　　これを読んだら現実が違って見えるかも

　　もし、現在の統計比率をきちんと盛り込んで、全世界を100人の村に
　　縮小するとしたらどうなるでしょう。

　　その村には……
　　57人のアジア人
　　21人のヨーロッパ人
　　14人の南北アメリカ人
　　 8人のアフリカ人がいます。

　　52人が女性で
　　48人が男性です。

　　70人が有色人種で
　　30人が白人

　　70人がキリスト教徒以外の人たちで
　　30人がキリスト教徒

　　89人が異性愛者で

11人が同性愛者
６人が全世界の富の59パーセントを所有し、
その６人ともがアメリカ国籍

80人は標準以下の居住環境に住み
70人は文字が読めません。
50人は栄養失調に苦しみ
一人が瀕死の状態にあり、一人は今、生まれようとしています。
一人（そう、たった一人）は大学の教育を受け
そして、一人だけがコンピューターを所有しています。

もしこのように縮小された全体図からわたしたちの世界を見るなら、
相手をあるがままに受け容れること、自分と違う人を理解すること、
そして、そういう事実を知るための教育がいかに必要かは火を見るよ
り明らかです。

また、こんな視点からも考えてみましょう。

もしあなたが今朝、目覚めた時、健康だなと感じることができたなら
あなたは今週生き残ることができないであろう100万人の人たちより
恵まれています。

もしあなたが戦いの危険や、投獄される孤独や、獄門の苦悩、あるい
は飢えの悲痛を一度も経験したことがないのなら……
世界の５億人の人たちより恵まれています。

もしあなたがしつこく苦しめられることや、逮捕、拷問または死の恐
怖を感じることなしに教会のミサに行くことができるなら……
世界の30億人の人たちより恵まれています。

もし冷蔵庫に食料があり、着る服があり、頭の上には屋根があり、寝る
　　場所があるなら……
　　あなたはこの世界の75パーセントの人々より裕福です。

　　もし銀行に預金があり、お財布にもお金があり、家のどこかに小銭の
　　入ったいれ物があるなら……
　　あなたはこの世界の中で最も裕福な上位８パーセントのうちの一人で
　　す。

　　もしあなたの両親がともに健在で、そして二人がまだ一緒なら……
　　それはとても稀なこと

　もしこのメッセージを読むことができるなら、あなたはこの瞬間、２倍の
　祝福を受けるでしょう。なぜならあなたのことを思ってこれを伝えている
　誰かがいて、その上、あなたは全く文字の読めない世界中の20億の人々
　りずっと恵まれているからです。

昔の人がこう言いました。
我が身から出づるものは、いずれ我が身に戻り来る、と

　お金に執着することなく、喜んで働きましょう。
　かつて一度も傷ついたことがないかのごとく、人を愛しましょう。
　誰も見ていないかのごとく、自由に踊りましょう。
　誰も聞いていないかのごとく、のびやかに歌いましょう。
　あたかもここが地上の天国であるかのように、生きていきましょう。

このメッセージを人に伝えて下さい。そして、その人の一日を照らして下
さい。
　　　　　　　アメリカの友人からのメッセージ　3. 2001（なかのひろみ訳）

②私たちへのメッセージを聞きとる

　このメールの元になったエッセイのオリジナルのタイトルは「村の現状報告」とあり、「もし世界が1000人の村だったら」の１行で始まっていた。

　オリジナルでは村人は100人ではなく、1000人で考えられていたのが、誰かが「1000人の村」を「100人の村」に書き替えてメールを発信した。おそらく「100人の村」のほうが世界をイメージしやすいからだろう。

　このメールを読み、感じたこと、想像したこと、考えたことを下記の順序にしたがって意見交換してみよう。

渡辺禎雄「イエスと子ども」

そして、このメールに、自分たちの思いをこめて、返信を書いてみよう。

1．メールを読んだ感想を、自分の意見としてまとめる。
2．グループに分かれて、進行役を決め、お互いの意見を交換する。
　　自分の意見を相手にきちんと伝えるよう工夫しよう。
　　自分以外のメンバーの意見を聞きながら、ノートに記入する。
3．「100人の村」のメールに返信する「メッセージ」を出すために、
　　自分の「メッセージ」をノートに記入する。
4．それぞれ自分の「メッセージ」をグループの中で発表する。進

行役を中心にして、「グループのメッセージ」をまとめる。

5．それぞれの「グループのメッセージ」を発表し、分かち合う。

6．最後に、この作業・話し合いを通して考えたことを自分のノートに記入する。

③黙想　「キリストはわたしたちの平和であります」

「実に、キリストはわたしたちの平和であります。二つのものを一つにし、御自分の肉において敵意という隔ての壁を取り壊し、規則と戒律ずくめの律法を廃棄されました。こうしてキリストは、双方を御自分において一人の新しい人に造り上げて平和を実現し、十字架を通して、両者を一つの体として神と和解させ、十字架によって敵意を滅ぼされました。キリストはおいでになり、遠く離れているあなたがたにも、また、近くにいる人々にも、平和の福音を告げ知らせられました」（エフェソ2・14-17）。

この「100人の村」のメールに注目が集まるようになったのは、アメリカで起きた「同時多発テロ事件」（2001年9月11日）以後のことである。このメールに指摘してあるように、世界の富の偏在に私たちはまだ十分に気づいていない。現在、先進国を中心に進行中のグローバリゼーションは、世界の富を公平に分配するシステムとして機能するよりも、富める国をますます豊かにし、貧しい国を貧困から抜け出せなくしてしまうのではないかと危惧されている。

アメリカは、「正義」をふりかざして報復のためにアフガニスタンを攻撃した。世界の国々の中で、もっとも貧しく経済的苦境に立たされているアフガニスタンへの攻撃を「テロへの報復」という大義のもとに正当化するアメリカの「正義」とは、ほんとうに正義といえるのだろうか。

「パクス・アメリカーナ（アメリカによる平和）」に対して、私たちは聖書の告げる「キリストによる平和」の声に耳を傾けたい。「キリ

ストはわたしたちの平和で
あります」という聖書の言
葉は、初代教会の人々が平
和をどのように考えていた
か、はっきり宣言している
箇所である。「敵意という
隔ての壁を取り壊し」とい
う言葉に注目したい。

　ここで平和とは、敵意を
克服すること、対立を取り
去ることと考えられている。
そしてキリストがもたらす
平和は「二つのものを一つ
にし、敵意という隔ての壁
を取り壊す」といわれてい
る。

9.11の犠牲者へ哀悼を表す（ニューヨー
ク・マンハッタン）

写真提供＝中村朋子

　このテキストの背景には、
「律法を守るユダヤ人」と「律法を守らない外国人」との対立があり、
ユダヤ人は律法を守っているがゆえに律法を守らない外国人を見下し
ていた。この律法を守るか守らないかの基準で人を判断し、差別する
ような律法解釈をキリストは廃棄した、というのが著者パウロのメッ
セージである。

　私たちは、この「キリストはわたしたちの平和であります」という
聖書の言葉を、今日の世界にあてはめて考えるとき、民族や宗教の垣
根を乗り越え、お互いを尊重し、共存をめざすメッセージとして受け
とめることができないだろうか。

　20世紀は「戦争の世紀」であったといわれる。21世紀に入り、再び
「民族や宗教」を背景とした対立の兆しが見え隠れしている。キリス
ト教的な価値観を絶対化したり、キリスト教以外の諸宗教に対して非

寛容な態度で接するのではなく、平和をつくりだすためにどのような協力ができるのか、平和の実現に向けて、何ができるのか考えることから始めよう。

「100人の村」は、この世界が、いかに不公平な構造に支配されているかを明るみにさらけ出してくれた。表示されている数字のどこに自分があてはまるのか考えて、同じ村人として、自分とは違う立場におかれている村人と共に生きていくために、私たちが取り組む課題は何か、これから模索していこう。そして、不公正な構造を変えていくために、私たちが学んでいることをどのように役立てられるのか考えていこう。

「2001年9月11日が『世界が変わった日』ではなく、『世界が変わり始めた日』になることが、このネットロア（『100人の村』という民話）の予言であり、希望なのだ」（『世界がもし100人の村だったら』後書きより、「マガジンハウス」）。

3　いのちを大切にする──「いじめ問題」と向き合う

①いのちを大切にする

「聖書の『創世記』の中に、『善悪を知る木から取って食べてはならない。それを取って食べると、きっと死ぬであろう』という言葉があります。知るとは知恵がつくということでしょう。知恵がつくということを、聖書の中では『死ぬ』こととして言われていますが、それは、いのちが見えなくなることだというふうに言い直すことができると思います。

私のいのちは"わたし"だけのもの、そして、私は"わたし"だけで存在し得ていると考えては平和はありません。それは人間の世界だけに限りません。今日の環境破壊は人間が他の生きとし生けるものとの共存の道を失っているからではないでしょうか。よろこびは"わたし"だけのよろこびであり、苦しみも、また"わたし"だけの苦しみ

ということでは、大きないのちから遠のいてしまうばかりです。そういう人間の知恵のありようについて、まずはっきりと覚醒する、反省することが大事ではないか。

　人間の知恵は、他の人間との結びつき、交流、さらには、全自然との共感の中でこそ、ほんとうに自分のいのちを豊かにするものとしてかえってくる、そう思います」（高史明『いのちの優しさ』筑摩書房）。

　高史明（コ サンミョン）さんは在日朝鮮人の作家である。作家として、また仏教徒として親鸞（しんらん）について深く学んできた。

　高史明さんは戦争中の日本に生まれ、ひとりの朝鮮人として自分の生い立ちをテーマにした『生きる意味』（ちくま文庫）という本を出版した。ちょうどその頃、ひとり息子の中学１年生の岡真史君は、自らいのちを絶ってしまった。

　その後、高さん夫妻は、真史君が書き残した詩を『ぼくは12歳』（ちくま文庫）という詩集にまとめて出版した。若い人々にいのちの大切さを知ってほしいとの願いがこめられていた。この詩集は今日まで、多くの人々に読み継がれている。

　高さんと妻の岡百合子さんは、詩集を出版した後、いのちをめぐって若者との対話を続け、その一部が往復書簡として『ぼくは12歳』の中に掲載されている。

　なぜ、いじめはなくならないのか。もしかすると、高史明さんが述べているように、自分のいのちは“わたし”だけのものと考え、他人のいのちに無関心であることが、いじめをなくせない原因のひとつであるかもしれない。「いのちを大切にする」という視点からいじめについて考え、話し合ってみよう。

　「風」

　風はいちばんのけいけん者

風はいろんな物を見て
そして聞いている
風が先生だったら
どんなにいいだろう
カーテンが風をつつむ
経験をつつんでいるのと同じだ

（岡　真史『ぼくは12歳』より）

② 「いじめ」について考える

　小学校のとき、自分はいじめとはまったく無関係だったと言い切れる人は少ないのではないだろうか。多くの人は、いじめの場面に遭遇したことがあるはずだ。なかにはいじめられた体験が今も心の中に深い傷となって残り、苦しみを引きずっている人もあるかもしれない。いじめた人の中には、自分のしたことを思い出したくない人もあるかもしれない。そして、直接に自分は関係はなかったけれども、見て見ぬふりの態度をとったことを深く後悔している人もあるだろう。

　いじめについて考えるには、自分が体験したことをもとにして、過去の体験を冷静にふりかえる作業が必要である。そのためには、いじめが起こったとき、自分がどこにいたのか居場所を思い起こしてほしい。いじめた人、いじめられた人、いじめの現場を見ていた人、傍観者だった人、それぞれ自分がどこにいたのか思い出してみよう。

　現在もいじめをなくそうとさまざまな試みがなされている。いじめが起こってからでは遅いという場合もある。今までも、いじめが原因で自殺したという新聞の記事を目にすると、なぜ、自殺を食い止めることができなかったのかと悔やまれる思いをもった人は多いはずだ。

　なぜ、いじめはなくならないのか。もし、こうすれば必ずなくなるという処方箋があれば、なくなっているはずだ。「いじめはやめましょう」と呼びかけるだけではなくならない。ひとりひとりがいじめと向き合って、「なぜ」という問いに答えるしかない。

今まで自分が、いじめについてどう考えてきたのか、またどうかかわってきたのかを自分の問題として理解する必要があるのではないだろうか。そして、いのちにかかわる問題として、いじめを受けとめていく人がひとりでも増えていくことが、いじめを解決していくことにつながるのではないだろうか。

③いじめについて話し合う
　テーマ「なぜ、いじめは起こるのか」
　いじめについて自分はどのように考えてきたのか振り返る。そして、他の人の意見を聞いて、お互いに意見を交換することにより、いじめをどのように受けとめ、考えてきたか、分かち合う。最後に、自分がこの話し合いから学んだことを確認する。

★用意するもの　Ｂ５の半分の用紙（各自の意見を記入する）
　　　　　　　　　Ｂ５の用紙（グループのまとめを記入する）
★作業・話し合いの時間　２〜３時間（時間配分について最初に
　決めておく）

［進行表］
１．４〜６人のグループに分かれる。
２．進行役を決める。
３．配布された用紙に「なぜ、いじめは起こるのか」、自分の意見
　　を記入する。
４．自分の記入した意見を、グループのメンバーに伝える。
　　各自の記入した用紙を回し読みしてもよい。
　　自分のノートに、他のメンバーの意見を記入する。
５．自分以外のメンバーの意見について、自分のコメントを記入する。
６．進行役が中心になって、グループの中でお互いに、自分の記入
　　したコメントを発表し、意見交換する。

7．以上の作業が終わったら、グループとして「共通理解」したことを、Ｂ５の用紙にまとめる

8．グループのまとめをクラス全体で発表し、分かち合う。
他のグループがわかりやすいように配慮する。

9．最後に、この作業、話し合いを通して自分が学んだこと、考えたことを自分のノートに記入する。

④黙想　小さくされている人の隣人になる

「そのとき、ひとりの律法家が立って、イエスをためそうとして、『導師、なにをしたら、永遠のいのちをいただけるのだろうか』と言った。イエスはその人に、『律法にはなんと書いてあるのか。あなたはどう理解しているか』と言った。その人はこう言った。

『「心の底から、自分のすべてをかけ、力のかぎり、判断力を駆使して、あなたの神、主を大切にせよ」（申命記6・5）また、「あなたの隣人を、自分自身のように大切にせよ」（レビ記19・18）とある』。

イエスは、『そのとおりだ。それを実行すれば、人は生きる』と言った。すると、その人は、自分が実践していることを示そうとして、イエスに、『それでは、わたしの隣人とは、だれだろう』と言った。この問いをうけて、イエスはつぎのように語った。

『ある人がエルサレムか

1992
SADAO WATANABE

渡辺禎雄「洗足」

らエリコに下っていくときに、追いはぎにあった。追いはぎどもはこの人の服をはぎとり、傷をおわせ、半殺しにして去った。たまたま、ひとりの祭司が同じ道をくだってきたが、その人を見ると、道の反対側をとおって行った。同様に、ひとりのレビ人もその場所にさしかかったが、その人を見て、道の反対側をとおって行った。ところが、旅をしていたひとりのサマリア人は、同じようにそこにさしかかると、その人を見て、はらわたをつき動かされ、近よって、傷口にぶどう酒とオリーブ油をそそいで包帯し、自分のろばにのせて宿屋につれていって、介抱した。そして、つぎの日、五千円の銀貨二枚をとりだし、宿屋の主人にわたして、「この人を介抱して下さい。もし、費用がかさんだら、帰りにわたしが払います」と言った。

　ところで、この三人のうち、追いはぎにあった人の隣人になったのは、だれだとあなたは思うのか』。

　すると、律法の専門家は、『その人の痛みを分かって、行動に移した人』と言った。そこで、イエスは『あなたも行って、同じようにしなさい』と言った」（ルカ10・25－37『小さくされた人々のための福音』本田哲郎訳、新世社）。

　ここに登場する祭司、レビ人は、当時のユダヤの社会にあってどのような役割を担っていたのか。サマリア人の歴史的背景と、ユダヤ人とサマリア人はどのような関係にあったのか。それぞれについて調べ、追いはぎにあった人とどのような関係にあったのか考えてみよう。

　そして、この3人と追いはぎにあった人、それぞれの立場が理解できたら、この出来事を現代に置きかえて考えてみよう。祭司、レビ人、サマリア人、追いはぎにあって傷つき倒れている人を、現代の社会、世界にあてはめ、具体的にどのような場面や状況が考えられるだろうか。イエスが語った物語の「現代版」をつくってみよう。

　冒頭で、いじめ問題について、「いのちを大切にする」視点から考えることを提案した。

最後に、いじめはいのちとどうかかわっているのか考えておきたい。人間はよくいわれるように、ひとりでは生きられない。必ず誰かに支えられ、助けられている。私たちは身近な家族をはじめとして、友だち、さまざまな人々とのかかわりの中で生かされているといえないだろうか。言い換えれば、いのちは多くの人によって支えられているといってよい。そしてそのようなかかわりなしには生きられないのが人間である。人と人とのかかわりを断ち切るのがいじめではないだろうか。「いのちを大切にする」とは、自分のいのちを大切にするだけではなく、他のいのちによって自分が生かされていることに気づくことである。

第3章 生き方に学ぶ
「地の塩・世の光」として生きる

乳飲み子は子どもたちが面倒を見る。子どもたちは大人
が面倒を見る。
山間の村には今も共同体が息づいている。(タイ)

©桃井和馬

1 「環境の世紀」をどう生きるか

レイチェル・カーソンに学ぶ

①明日のための寓話

「アメリカの奥深くわけ入ったところに、ある町があった。生命あるものはみな、自然と一つだった。町のまわりには、豊かな田畑が碁盤の目のようにひろがり、穀物畑に続くその先の丘がもりあがり、斜面には果樹がしげっていた。春がくると、緑の野原のかなたに、白い花のかすみがたなびき、秋になれば、カシやカエデやカバが燃えるような紅葉のあやを織りなし、松の緑に映えて痛い。丘の森からキツネの吠え声がきこえ、シカが野原のもやのなかを見えつかくれつ音もなく駆けぬけた。

道を歩けば、アメリカシャクナゲ、ガマズミ、ハンノキ、オオシダがどこまでも続き、野花が咲きみだれ、四季折々、道行く人の目をたのしませる。冬の景色も、すばらしかった。野生の漿果や、枯れ草が、雪のなかから頭を出している。漿果を求めて、たくさんの鳥が、やっ

潮溜まりを観察するカーソン
（提供：Rachel Carson History Project）

てきた。いろんな鳥が、数えきれないほどくるので、有名だった。春と秋、渡り鳥が洪水のように、あとからあとへ押し寄せては飛び去るころになると、遠路もいとわず鳥見に大勢の人た

ちがやってくる。……

ところが、あるときどういう呪いをうけたのか、暗い影があたりにしのびよった。いままで見たこともきいたこともないことが起こりだした。若鶏はわけのわからぬ病気にかかり、牛も羊も病気になって死んだ。どこへ行っても、死の影。農夫たちはどこのだれが病気になったというはなしでもちきり。町の医者は、見たこともない病気があとからあとへと出てくるのに、とまどうばかりだった。そのうち、突然死ぬ人も出てきた。何が原因か、わからない。大人だけではない。子供も死んだ。元気よく遊んでいると思った子供が急に気分が悪くなり、二、三時間後にはもう冷たくなっていた。

自然は、沈黙した。うす気味悪い。鳥たちは、どこへ行ってしまったのか。みんな不思議に思い、不吉な予感におびえた。裏庭の餌箱は、からっぽだ。ああ鳥がいた、と思っても、死にかけていた。ぶるぶるからだをふるわせ、飛ぶこともできなかった。春がきたが、沈黙の春だった」（レイチェル・カーソン『沈黙の春』青樹簗一訳、新潮社）

②地球は人間だけのものではない

21世紀は「環境の世紀」だといわれている。

冒頭に引用した「明日のための寓話」は、この環境の汚染と破壊の実態を、いちはやく問題提起した『沈黙の春』（1962年）の書き出しである。

『沈黙の春』という書名の由来は、春には必ず新たな生命の誕生が感じられるのに、あるとき突然、再生をやめ、次々と身近な自然に異変が起こり、生命が途絶えてしまう。まさに春が沈黙するという寓話から始まる。

著者レイチェル・カーソンは、この本を刊行することによって当時アメリカで大量に生産され使用されていた「有機塩素系殺虫剤（DDT、BHC）・有機リン系殺虫剤（パラチオン）」などの農薬や化学物質による環境汚染の危険性を告発することにより、政府に農薬の

使用を制限する法律をつくらせ、世界中の人々が環境問題に関心をもち、環境に対する考え方を大きく変えるきっかけを与えた。

レイチェル・カーソンは、1907年、アメリカ・ペンシルヴァニア州のスプリングデールに生まれた。この町は、ピッツバーグの北東24kmにあり、アルゲニー川（「美しい川」の意）が流れ、田園風景の広がる地域であった。父親は農場を経営し、教会の聖歌隊に属していた。母親は牧師の娘で、女子神学校を卒業し、結婚するまで教員を勤めたこともある。レイチェルは幼少の頃から、好奇心が強く、自然界に興味を抱いて成長した。母マリアと過ごした少女時代を「一日の大半を森や小川のほとりで過ごし、小鳥や虫や花について学んだのです」と回想している。また、物語を読むこと、書くことが大好きで、高校時代は本ばかり読んでいたという。

経済的余裕はなかったが、両親は苦労して学費を捻出し、ペンシルヴァニア女子大学に進学した。はじめは英文学を専攻し、作家になろうと考えていたが、迷ったすえ生物学を選び、動物学を専攻した。

1920年代のアメリカでは女子大学の学生で、大学院に進学する学生はほとんどなかった。しかし、彼女はさらに勉学を続けようと奨学金を受けて、ジョンズ・ホプキンズ大学の大学院に入学。在学中に、大学の教員からウッズホール海洋生物研究所の夏期研修員の仕事を紹介され、はじめて海を見て興味を抱くようになり、これが後の仕事につながる海洋生物学との出会い

愛犬に本を読んであげる少女時代のカーソン
（提供：Rachel Carson History Project）

50

となった。

　1880年代に、この研究所の
創立にかかわった科学者の中
にエレン・スワローという女
性がいる。彼女は人間と環境
の関係を重視し、「エコロジ
ー（生態学）」という考え方
を確立したひとりでもある。

『沈黙の春』の初版本

　大学院を卒業したカーソ
ンは勉学を続けたかったが事情がゆるさず、働く決心をし、商務省漁
業局の公務員試験に合格した。その後、文筆活動も継続しながら、魚
類・野生生物局の公務員として働いた。約15年間の公務員生活のかた
わら、『潮風の下で』（1940年）、『われらをめぐる海』（1951年）を刊
行している。

　1952年、彼女は仕事を辞め、文筆活動に専念する。『沈黙の春』が
生まれたきっかけは、友人からの手紙であった。友人の夫が所有して
いる鳥類禁猟区（きんりょう）で、周辺の沼地の蚊を駆除する目的で大量にまかれた
殺虫剤の影響で、小鳥がたくさん死んだという知らせである。友人の
手紙は、カーソンに援助する人を見つけてほしいという依頼であった
が、このとき自分が書かなければならないと決意したという。

　カーソンは、化学物質で環境を汚染すると考えられる資料の収集を
開始する。アメリカのみならず、ヨーロッパの科学者にまで調査を依
頼した。しかし、アメリカの政府機関や公立の機関は非協力的で、彼
女の調査に協力した公務員を調べ、配置転換させたりして、あからさ
まに妨害した。

　『沈黙の春』の執筆が開始され、1962年6月、その一部が雑誌『ニ
ューヨーカー』に連載が始まると、読者からの大きな反響と共に、化
学薬品会社からのさまざまないやがらせ、圧力や攻撃が加えられた。
しかし、『沈黙の春』は、9月には単行本として出版され、発売日に

4万部も売れ、10月にはベストセラーになった。

こうした事態を無視できなくなり、ケネディ大統領は農薬問題の調査を命じ、1963年5月には報告書が提出され、その内容はカーソンの科学的な調査の正確さを裏付けるものとなり、農薬の毒性についても『沈黙の春』の先駆性を認める結果となった。その後、DDT、BHCなどの農薬は先進国では使用が禁止されたり、制限されるようになっているが、第三世界においては、現在も使用されている。

1960年末頃から、カーソンは『沈黙の春』を執筆しながら自分には時間が残されていないと感じていた。彼女は手術の結果、腫瘍が悪性の癌であることを知らされていた。この病苦と向き合いながら『沈黙の春』を世に送り、1964年、メリーランド州シルーバー・スプリングで死去した。

『センス・オブ・ワンダー』（The Sense of Wonder）は、彼女の死後、1965年に出版された。この作品は1956年、ある雑誌に掲載され、その後、手を入れて単行本として出版しようとカーソンが考えていたものである。しかし、その願いはかなえられなかった。友人たちが残された原稿をまとめて1冊の本として出版した。

この作品は、カーソンの姪の息子ロジャーに献呈されている。彼女の別荘に遊びに来ていたロジャーと一緒に、海辺や森を散策し、星空や夜の海をながめた経験にもとづいて書かれている。

「人間を超えた存在を認識し、おそれ、驚嘆する感性をはぐくみ強めていくことには、どのような意義があるのでしょうか。自然界を探検することは、貴重な子ども時代をすごす愉快で楽しい方法のひとつにすぎないのでしょうか。それとも、もっと深いなにかがあるのでしょうか。

わたしはそのなかに、永続的で意義深いなにかがあると信じています。地球の美しさと神秘を感じとれる人は、科学者であろうとなかろうと、人生に飽きて疲れたり、孤独にさいなまれることはけっしてないでしょう。たとえ生活のなかで苦しみや心配ごとにであったとして

も、かならずや、内面的な満足感と、生きていることへの新たなよろこびへ通ずる小道を見つけだすことができると信じます。

　地球の美しさについて深く思いをめぐらせる人は、生命の終わりの瞬間まで、生き生きとした精神力をたもちつづけることができるでしょう。

　鳥の渡り、潮の満ち干、春を待つ固い蕾のなかには、それ自体の美しさと同時に、象徴的な美と神秘がかくされています。自然がくりかえすリフレイン——夜の次に朝がきて、冬が去れば春になるという確かさ——のなかには、かぎりなくわたしたちをいやしてくれるなにかがあるのです」(レイチェル・カーソン『センス・オブ・ワンダー』上遠恵子訳、新潮社)

③黙想　「神の息」によって生かされる
主は月を造って季節を定められた。
太陽は沈む時を知っている。
あなたが闇を置かれると夜になり
森の獣は皆、忍び出てくる。
若獅子（わかじし）は餌食（えじき）を求めてほえ
神に食べ物を求める。
太陽が輝き昇ると彼らは帰って行き
それぞれのねぐらにうずくまる。
人は仕事に出かけ、夕べになるまで働く。

主よ、御業（みわざ）はいかにおびただしいことか。
あなたはすべてを知恵によって成し遂げられた。
地はお造りになったものに満ちている。

同じように、海も大きく豊かで
その中を動きまわる大小の生き物は数知れない。

船がそこを行き交い
お造りになったレビヤタンもそこに戯れる。
彼らはすべて、あなたに望みをおき
ときに応じて食べ物をくださるのを待っている。
あなたがお与えになるものを彼らは集め
御手を開かれれば彼らは良い物に満ち足りる。
御顔を隠されれば彼らは恐れ
息吹を取り上げられれば彼らは息絶え
元の塵に返る。
あなたは御自分の息を送って彼らを創造し
地の面を新たにされる。

（詩編104・19－30）

　私たちは、どのような時代に生きているのか。

　21世紀はどのような世紀になるのだろうか。今まで人間が生存して
きたのは、この地球に生物が生きる条件が備わっていたからに他なら
ない。ところが、今、その地球が傷つき、痛み、うめきはじめている。
自然界では、すでにさまざまな異変が起こっている。

　20世紀に入って、地球環境は急速に悪化した。その原因をつくった
のは、ほかでもない人間である。いったん破壊された自然を取り戻す
には、時間がかかる。すでに回復が不可能な自然環境もある。目に見
える破壊と目に見えない破壊が、同時進行している中で私たちは何を
なすべきか問われている。

　ジョナサン・シェルが警告したように、私たちは「第二の死」に直
面しているにもかかわらず、目先のことに目を奪われ、時間を無駄に
費やしているのかもしれない。もし、そうだとすれば、解決を先延ば
しにするのではなく、私たちのできることから手をつけ始めなければ
ならない。

　環境問題は、国境を越え、地球規模（グローバル）で考えなければ

解決しない問題である。しかし同時に、ゴミ問題に象徴されるように自分の足元のゴミをどう解決するかにもかかっている。グローバルな問題を、自分の身近な解決可能な問題にどのように引き寄せられるか、同時に地球環境にどのように還元できるかが問われている。

　もはや私たちは、限られた時間を生きている、との考え方を転換すべきときに足を踏み入れたといってもよいだろう。

　「被造物は神の息によって生かされている」とはどういう意味なのか。過去の歴史において、人間が自然を支配するのは当然であると考えた時代もあったが、私たちは、人間を自然界の頂点において考えるのは間違いであることに気づき始めている。人間は自然界の一部を占めるにすぎない。むしろ人間は、さまざまな生命によって生かされている事実を認めなければならない。私たちも他の被造物と同じように、神の息によって生かされる者となったという詩編の作者の言葉を思い起こしたい。「地球は人間だけのものではない」というカーソンの考え方は、この詩編の作者と同一の視点に立って、自然をながめているといえないだろうか。

　『沈黙の春』の執筆にとりかかったとき、いやがらせや圧力に屈しないで、研究者として、ひとりの人間として誠実に仕事に取り組んだカーソンを支えたものは何か。彼女は、自然を通して、まことにおそれるべきものは何か、おそれてはならないものは何かを、見極める視点をもったのではないだろうか。

2　小さくされた者と共に生きる

　　　マザー・テレサに学ぶ

①分かち合うよろこび

　「ある夜のこと、一人の男性が訪ねてきて、『八人の子持ちのヒンズー教徒の家族が、このところ何も食べていません。食べるものがないのです』と告げてくれました。

そこで私は、一食に十分なお米を持ってその家に行きました。そこには、目だけが飛び出している子どもたちの飢えた顔があり、その顔がすべてを物語っていました。

　母親は私からお米を受け取ると、それを半分に分けて、家から出て行きました。しばらくして戻ってきたので、『どこへ行っていたのですか、何をしてきたのですか』と尋ねました。

　『彼らもお腹を空かしているのです』という答えが返ってきました。

　『彼ら』というのは、隣に住んでいるイスラム教徒の家族のことで、そこにも同じく、八人の子どもがおり、やはり食べるものがなかったのでした。

　この母親はそのことを知っていて、僅かの米の一部を他人と分け合う愛と勇気を発揮したのでした。自分の家族のおかれている状況にもかかわらず、私が持って行った僅かな米を隣人と分け合うことの喜びを感じていたのです。

　その喜びをこわしたくなかったので、私はその夜、それ以上の米を持っていくことはせず、その翌日、もう少し届けておきました」（J．L．ゴンザレス=バラド編『マザー・テレサ――愛と祈りのことば』渡辺和子訳、PHP文庫）。

②マザー・テレサの生涯

　イエスが語った言葉を、割り引きなしに実践した人こそマザー・テレサ（1910-1997）といえないだろうか。

　インドのカルカッタのカトリック学校の教員であったマザーは、修道会を退会して、ひとりでスラムへ入っていき、活動を始めた。最初は誰からの援助もなく、貧しい人々を支援する活動を続けた。マザー自身の身なりがみすぼらしいために物乞いと間違えられることもあったという。その後、卒業生をはじめとして協力者も増え、新しい修道会「神の愛の宣教者会」を設立して、活動の輪を広げていった。

　カルカッタの路上で行き倒れになり、誰からも声をかけられずに放

置されている人を手厚く介抱し、ひとりの人間として世話をする。「死を待つ人の家」で、介抱のかいなく息を引きとった人には、本人の宗教で葬儀を行う。活動を始めた頃、新手の布教活動だと批判していた人々も、マザーの働きを知って、変えられていった。

「貧しい人の中のもっとも貧しい人に仕える」ことを、修道会の方針として、身寄りをなくした子どもたちのための「子どもの家」、ハンセン病患者のための診療所「平和の村」などを設立し、医療、福祉、教育の分野で、「神の愛の宣教者会」は、世界中で活動している。

マザー・テレサが「神の愛の宣教者会」を設立し、貧しい人の中で、もっとも貧しい人に仕える活動を生涯にわたって貫いた背景に何があったのかを学び、そして、マザーが私たちに残したメッセージをその働きから聞き取りたい。

マザー・テレサは1910年、現在のマケドニア共和国の首都スコピエで生まれた。本名はアグネス・ゴンジャ・ボヤージュ。アグネス（洗

修道院中庭でのシスターたちとマザー　　　　　　　　©女子パウロ会

第3章　生き方に学ぶ　　57

礼名）は、初代教会の女性の殉教者（じゅんきょうしゃ）の名前。ゴンジャはアルバニア語で「花のつぼみ」を表す。両親はコソボで結婚し、マケドニアに移住したアルバニア人。

　マケドニアは旧ユーゴスラビアの最南端に位置し、ギリシアと国境を接する、あのアレクサンドロス大王の「古代マケドニア王国」以来の古い歴史を持つ国である。

　旧ユーゴスラビアはその名（「南スラブ人の国」の意）が示すように複雑なスラブ諸民族によって構成されていたが、連邦国家は解体して共和国に分かれてしまった。アグネスが生まれた20世紀初頭、バルカン半島では、14世紀以来この地域を支配してきた宗主国オスマン帝国の圧政に抵抗する「第１次（1912年）、第２次（1913年）バルカン戦争」が起こり、1914年には、勢力拡大をはかるオーストリア・ハンガリー帝国に対するセルビア人の反感から噴き出した一発の銃声が第１次世界大戦の引き金となった。

　激しく揺れ動く時代は、アグネスの家族にも悲劇をもたらした。1919年、彼女が９歳のとき父親が急死した。父ニコラは、アルバニア愛国者運動に参加していた。ベオグラードの集会に参加し、帰宅した途端に倒れ、病院に運ばれたが、手の施しようもなく亡くなる。医師も家族も、毒殺されたと判断した。家族には家だけが残され、母親のドラナフィルは刺繍（ししゅう）の仕事をはじめて一家を支えたという。

　父親を失った彼女にとって、民族紛争や宗教的対立がどのような悲惨な結果をもたらすかを、身をもって体験した時期でもある。

　一方、多感な思春期に、彼女は教会で１冊の本を紹介され、修道士アッシジのフランチェスコ（1181/2 - 1226）の伝記と出会う。イエスの伝道命令に従い、仲間と共に「小さき兄弟団」という修道会を設立し、托鉢（たくはつ）しながら宣教活動をしたフランチェスコは自ら貧しくなり無所有を貫くことにより、施しを受け、分かち合いを実践した。この本は、12歳のアグネスに将来を考えるうえで大きな影響を与えたようだ。フランチェスコの「平和の祈り」は、後に設立された修道会「神の愛

の宣教者会」の共通の祈りとなる。

「平和の祈り」

主よ、わたしを平和の道具とさせてください。

わたしに　もたらさせてください……
憎しみのあるところに愛を、
罪のあるところに赦しを、
争いのあるところに一致を、
誤りのあるところに真理を、
疑いのあるところに信仰を、
絶望のあるところに希望を、
闇のあるところに光を、
悲しみのあるところには喜びを。

ああ、主よ、わたしに求めさせてください……
慰められるよりも慰めることを、
理解されるよりも理解することを、
愛されるよりも愛することを。

人は自分を捨ててこそ、それを受け、
自分を忘れてこそ、自分を見いだし、
赦してこそ、赦され、
死んでこそ、永遠の命に復活するからです。
　　　　　　　（石井健吾編訳『フランシスコの祈り』女子パウロ会）

　アグネスが過ごしたスコピエの町には今も500年にわたるオスマン
帝国の支配の跡が残り、イスラム教のモスクがあり、ギリシア正教や

カトリックの教会がある。この地でアグネス一家は、少数派のアルバニア人キリスト教徒として過ごした。

18歳でスコピエの生家を離れて、アイルランドのロレット修道会に入った彼女にとって、アルバニア人であったことはその後の人生にどのような影響を与えたのだろうか。

アルバニア人は古代イリュリア人の末裔_{まつえい}といわれる。現在のアルバニア人が住むバルカン半島の西部の地域は、紀元前からイリュリア人の定住地であった。ローマに属州化された後、13世紀の短いアルバニア王国時代を除いて、14世紀以降はオスマン帝国に征服されるという常に異民族支配を強いられてきた歴史がある。

しかし、「負の歴史」を背負いながら、占領者に抵抗する中で培われてきた精神に「besa」がある。「besa」は名誉をかけて、約束された言葉は破られることはないという「契約の言葉」である。マザー自身の説明によると「ある家族が、誰かに『家にきて、泊まってくださ

「死を待つ人の家」でのマザー　　　　　　　　　　　　　　©女子パウロ会

い』と約束したら、家族はどんな犠牲を払っても、その人を泊まらせ保護する。もしその人が追われる身でも泊まらせる」という。自分の使命に誠実に生きようとしたマザーの姿勢には、常にこの「besa」があったのではないかと同労者はみている。

ところで、マザー・テレサが、カルカッタの貧しい人々に仕える決心をしたのは、1946年9月10日、ダージリンへ向かう汽車の中でのことで、「神様からの招きの声を聴いた」と自ら語っている。

「この車中で、すべてを捨て、キリストに従って、スラムに行きなさいという招きの声を聴きました。貧しい中でもっとも貧しい人々の中のキリストに仕えるためです。この命令は非常にはっきりしていました。修道院を出て、貧しい人々の中で暮らしながら、その人たちと一緒に働かなければなりませんでした」。

ここで注目したいのは、ダージリンへ向かう直前の、同年8月にインド分割独立に先立ってヒンドゥー教徒とイスラム教徒の間に大規模な抗争が始まり、8月16日には暴動が発生、カルカッタの各地で大虐殺が起こり、5000人の犠牲者が出たということだ。マザーは自分がスコピエで体験した出来事と重ね合わせて、この事件に心を痛めたに違いない。そして、民族紛争や宗教的対立がどのような悲惨な結果を招くかを深く心に刻んだのではないだろうか。マザー・テレサの働きが、民族や宗教の違いをこえて実践されてきた背景には、自らの経験が教訓として活かされていたのではないだろうか。

「神の愛の宣教者会」の修道院聖堂の十字架のそばには「われ、渇く（I Thirst）」というイエスの言葉が掲げられている。これは、イエスが十字架上で叫ばれた言葉である。マザーは、この十字架上のイエスの言葉を大切にし、常に心にとめていたといわれる。

「私たちにはキリストは見えませんから、私たちの愛をキリストに言い表すことはできません。でも私たちの隣人なら見えますから、もしキリストの姿が見えるならしてさしあげたいと、私たちが願っていることを隣人にはしてあげることができます。

神が私たちをお使いになれるように神に心を開きましょう。愛を行為に表しましょう。家庭で、往来でまず始めましょう。容易なことではありません。でも私たちの仕事はこれから始まるのです。私たちはキリストに協力する者、葡萄の株から出た実を結ぶ小枝なのです」（G.ゴルレ、J.バルビエ編、支倉寿子訳『マザー・テレサ──愛を語る』日本教文社）。

③黙想　いちばん小さくされた者と連帯したか、しなかったか

「人の子は、栄光につつまれて来るとき、すべての使いたちがともに立ち、人の子はほまれある王座につく。そこで、すべての民がこの王の前に呼び集められ、王は人々をえり分ける。ちょうど羊飼いが山羊（やぎ）の中から羊をえり分け、羊を右に、山羊を左におくのと同じである。

そこで、王は右の人たちに言う。『さあ、わたしの父に祝福された人たち、世のはじめから、用意されていた神の国を引きつぎなさい。じつに、あなたたちは、わたしが飢えていたとき、食べていけるように、渇いていたとき、飲めるようにしてくれた。わたしが外国からのよそ者でいたとき、仲間に入れてくれ、はだかのとき、つつみこんでくれた。わたしが力おとろえていたとき、見舞ってくれ、わたしが牢（ろう）にいたときに会いに来てくれたからだ』。

すると、解放をこころざした人たちが、王に言う。『主よ、いつ、わたしたちは、あなたが飢えておられるのを見て食べていけるようにし、渇いておられるのを見て飲めるようにしたでしょうか。いつ、あなたが外国からのよそ者でいるのを見て仲間に入れ、はだかでいるのを見てつつみこんだでしょうか。いつ、あなたが力おとろえているのを見、牢にいるのを見て、会いに行ったでしょうか』。すると、王はその人たちに言う。『はっきり言っておく。わたしの仲間である、このいちばん小さくされている者のひとりにしたのは、わたしにしたのである』」（マタイ25・31-40『小さくされた人々のための福音』本田哲郎

訳、新世社）。

　「いちばん小さくされている者」とは、無権利状態におかれている人である。イエスの時代、「小さくされている者」の代表は子どもであった。子どもは、自分の力では生きることができず、大人の助けを借りなければ生活できない弱い存在である。しかし、イエスは「子供のようにならなければ、決して天の国に入ることはできない」「わたしの名のためにこのような一人の子供を受け入れる者は、わたしを受け入れるのである」（マタイ18・3、5）と子どもたちを祝福している。なぜ、イエスは子どもを祝福しているのか。それは、「小さくされている者」であるからだ。25章では、イエス自ら、「小さくされている者」として生きることを宣言し、同時に、「小さくされている者」と共に助け合っていこうとのイエスの呼びかけでもある。人間として生きる基本的な権利を奪われ、弱い立場におかれている人々と共に生きるために、私たちに何が求められているのか、お互いの意見を交換してみよう。

　マザー・テレサ自身、民族や宗教の違いによって、人が差別され、自由を奪われる現実を目の当たりにしてきた。だからこそ、人間は、民族や宗教によって差別されないかけがえのない大切な存在であることを、マザーはひとりひとりに仕える姿勢を通して、私たちに伝えようとしたのではないだろうか。

3　平和をつくりだす
阿波根 昌 鴻さんに学ぶ

①語り伝えたいこと
　「平和を語る、では何にもなりません。私たち伊江島の農民は、平和を実践してきました。ここが他の平和運動家とちがうところではないかと思っております。

　他を責めない（日本人として、真珠湾を攻撃した。我々がアメリカ

反戦平和資料館

すべて剣をとる
者は剣にて亡ぶ（聖書）
基地をもつ国は
基地で亡び
核を持つ国は
核で亡ぶ『歴史』

TREASURE OF LIF

若者に語る阿波根昌鴻さん
写真提供＝高岩仁

に悪口したりする資格はありません）。三十六年間一度もアメリカの不利不幸になることも悪口しません。

　長所と交わる。アメリカは日本と戦争が始まると、国民に日本語を教えたと言われます。日本は英語を教えることを中止しました。戦中英語がわかる人はスパイといって、沖縄で沢山殺しました。アメリカ軍はあらゆる宗教を知っているように思います。私たちは、アメリカの良い所に学ぶことに努力してきました。

　……自分の国、アメリカ大陸にかえりなさい。そうすればアメリカは繁栄すると、私たちは訴え、教えてきました。

　ソ連とアメリカとも仲良く、ゆずり合って助け合って生きる。これを信じ、これを戦後実践してきました。……1991年9月9日」（『命こそ宝──沖縄反戦の心』　阿波根昌鴻さんの手紙より）。

②阿波根 昌 鴻さんの生涯

　阿波根昌鴻さんは1901年、沖縄本島の本部町に生まれ、1925年、移民募集に応じてキューバ、ペルーで働いた後、1934年に帰国。その後、伊江島に住み、沖縄戦を経験し、米軍占領下の伊江島の土地闘争で指導的役割を果たした。沖縄の日本復帰（1972年）後も軍用地契約に応じない反戦地主として闘い、1984年には反戦平和資料館「ヌチドゥタカラ（命こそ宝）の家」を設立。資料館を訪れる人々との交流を通して反戦平和の活動を続けてきたが、2002年3月21日逝去。著書には、米軍占領下の土地闘争の記録として『米軍と農民』、復帰後の活動をまとめた『命こそ宝──沖縄反戦の心』がある。

　阿波根さんにとって、後半生をかえる転機となった沖縄戦の体験とはどのようなものであったのか。

　まず何よりも悔やまれることは、戦争中、あまりにもいのちを粗末に考えていたことだ。

　「死ぬのが国のため、いのちを惜しむものは国賊だと信じさせられていた。敵に生け捕りにされるのは不名誉、だから集団自決といって、自分たちで殺し合う。そしてそうすれば靖国神社にまつられて神になる。こんなことを教えられて、愚かにも信じていたのです」と当時の心境を述べている。

　沖縄では本土よりも徹底した皇民化教育が行われていた。なぜ「集団自決」のような悲惨な出来事が各地で起こったのか、その背景には住民への皇民化教育の徹底的な浸透が考えられる。阿波根さんは「いのちを粗末にする考えから抜け出せなかった」ことが住民の犠牲を大きくしたと受けとめ、その後、何よりもいのちを大切にすることを最優先して活動をすすめてきた。

　さらに阿波根さんには忘れることのできない記憶がある。それはかけがえのない息子を沖縄戦で死なせてしまったことだ。沖縄戦が始まる矢先に、ひとり息子を東京から伊江島に呼び寄せたところ、兵役年齢にも達していないにもかかわらず、現地召集で兵隊にとられ、沖縄

1955年3月、アメリカ民政府・琉球政府の庁舎横で座り込む陳情団（中央に阿波根さん）
写真提供＝ヌチドゥタカラの家

本島で戦死させてしまったことである。

いのちを粗末に考えたこと、ひとり息子を失ったこと、この二つの体験が出発点になって、米軍との間に土地闘争を島ぐるみで展開していった。「わしらは、戦争中は『鬼畜米英』、『日本は神の国』と教えられて、こんどの戦争は聖戦である、世界平和のためである、日本が世界を支配しないとほんとうの平和はこない、そう信じさせられ、服従するだけだったのですが、戦争が終わってからはじめて考えるようになったわけですね」。

朝鮮戦争が終わった直後、1955年、米軍は完全武装して、「この土地がなくなると生活できない」と手を合わせて願う農民を縛り上げて、家を焼き払い、飛行場・演習場にしてしまった。

土地をとりかえすための闘いを継続する中、阿波根さんたちが闘争をすすめていくうえで貫いた姿勢が以下の「陳情規定」に示されている。

「・反米的にならないこと。

　・怒ったり悪口を言わないこと。

・軍を恐れてはならない。

　　・人間性においては、生産者であるわれわれ農民の方が優っている
　　　自覚を堅持し、破壊者である軍人を教え導く心構えが大切である
　　　こと」（「陳情規定」1954年の一部）

　この「陳情規定」にみられるように非暴力に徹し、相手の立場を考える闘いが阿波根さんたちの運動の基本であった。

　伊江島の基地は、島全体の63％を占めていたが、1972年の復帰直前には、32％にまで縮小させるところまできていた。残念ながら島ぐるみの闘争は復帰後、日本政府が軍用地料を大幅に引き上げたことにより、契約地主が増えて消滅してしまう。

　そうした中で、阿波根さんは反戦平和資料館をたちあげる構想を抱き、協力者を得て具体化させていく。沖縄戦終結40年目にあたる1984年6月23日に完成した資料館の特色は、「戦争の根本の原因と結果」がわかる展示にすることにあった。

　資料館入口には「ヌチドゥタカラの家」という看板を掲げ、壁には、阿波根さんが長年の闘いの中で信念としてきたことばが書いてある。

　「すべて剣をとる者は剣にて亡ぶ（聖書）。基地をもつ国は基地で亡び、核をもつ国は核で亡ぶ」

　資料館内の展示品には阿波根さんの説明文が掲示してある。

　一例を紹介すると、「原爆の写真」には次のような説明がある。

　「原爆を落とした国より、落とさせた国の罪は重い」

　阿波根さんは、その意味を次のように説明する。

　「日本が戦争を起こした。だから、米軍が沖縄、伊江島を占領し、広島・長崎に原爆を落とした。そのことを忘れてはいけない。原爆は悲惨であって、もう二度とあってはならないが、そのためにこそ、だれが戦争を起こしたのかという根本のことを忘れてはいけない」。

　現在、沖縄には米軍基地の75％が集中している。国土の0.2％の沖縄に米軍基地を押しつけてきた事実から目をそらさないで、沖縄に

住む人々が毎日どのような思いを抱きながら、日々の生活を営んできたのか思いをはせたい。そして、騒音や戦争の危険と隣り合わせに暮らす人々の思いに心を寄せながら、阿波根さんの生涯から学んだことを分かち合い、私たちの課題について考えていきたい。

　「この世で最大の悪は、国と国との戦争であります。何の罪もない多くの子供たちやお年寄り、婦女子にいたるまで無差別に殺し、ありとあらゆる宝物を焼きはらい破壊しつくすからです。

　さる日米戦争で、沖縄だけでも米軍が2万人ちかく、日本人が20万人余が死んでおります。勝っても負けても戦争は多くの人命を奪います。軍事力を強化する国は、国民を苦しめる悪い国であります。それに武器に頼って生きる人間より不幸な人間はおりません。米国と旧ソ連の両国の国民を苦しめての核戦争で、ついに両大国とも国家財政は赤字で破綻をきたしました。それだけではなく、両国には自国で造りだした核の放射能で苦しんでいる国民もおおぜいいることもわかりました。新聞で見ますと、両政府は相談して核を減らしましょうと話し合ったそうであります。

　つい最近、日本政府はわしらが夢想もしていなかったPKO法を成立させました。まことに悲しいことであり、これを阻止できなかったことを反省し、残念に思っています。しかし、だからこそいっそう、

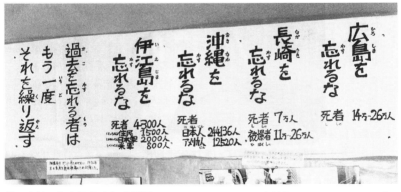

「ヌチドゥタカラの家」の展示　　　　　　　　写真提供＝ヌチドゥタカラの家

基地撤去の闘いは何としてもつづけなければならないと考えております。基地はアメリカ国民のためにもならない、もちろん私たちのためにもならない、このことを確信しているからであります」（阿波根昌鴻『命こそ宝』「あとがき」より）。

③黙想　地の塩・世の光

「わたしのためにののしられ、迫害され、身に覚えのないことであらゆる悪口を浴びせられるとき、あなたがたは幸いである。喜びなさい。大いに喜びなさい。天には大きな報いがある。あなたがたより前の預言者たちも、同じように迫害されたのである。

あなたがたは地の塩である。だが、塩に塩気がなくなれば、その塩は何によって塩味が付けられよう。もはや、何の役にも立たず、外に投げ捨てられ、人々に踏みつけられるだけである。あなたがたは世の光である。山の上にある町は、隠れることができない。また、ともし火をともして升の下に置く者はいない。燭台（しょくだい）の上に置く。そうすれば、家の中のものすべてを照らすのである」（マタイ5・11-15）。

「あなたがたは地の塩、世の光である」と宣言したイエスの意図は何か。このイエスの言葉を理解するには、11節の「わたしのためにののしられ、迫害され、身に覚えのないことであらゆる悪口を浴びせられるとき」を受けて、「あなたがたは地の塩、世の光である」と言われているところに注目したい。

イエスに従ってきた人々は、律法学者やファリサイ派の人々から、罪人と呼ばれ、差別されていた。律法学者やファリサイ派の人々は、律法を守らない人を罪人と呼び、自分たちの共同体から排除し、見下していた。イエスは、差別されている人々に向かって「あなたがたは地の塩、世の光である」と宣言したのである。ひとりの人間として誇りを持って、自分の価値にめざめて生きるとき、誰もが「地の塩、世の光」であることを自覚するようになるとイエスは励ましている。

塩の効用を考えると、食材を味付けること、そして、目立つのではなく、溶け込んで味をひきたてる隠れた役割をもっていることに気づく。そのような効用から、塩は匿名性をあらわしているとも言えないだろうか。塩の匿名性に対して、光は隠されているものを明るみにだす。そして、双方に共通するのは、塩や光そのものが目立つのではなく、むしろ、目立たないところで固有の役割を果たしていることである。

　阿波根さんたちの闘いは、農民として、人間として、土地を大切にするという当然の権利を要求することから始まった。派手な目立つ闘いではなかったが、やがて、自分たちの闘いに自信を持ち、誇りをもつようになり、地道な活動は参加する人々の意識を変えていった。阿波根さんの生き方は、「地の塩、世の光」として最後まであきらめないで「平和を実践する」人生を貫いたものであったといえるだろう。

4　人間にとって大切なものは何か
ペシャワール会・中村哲さんの活動に学ぶ

①人間にとって大切なものは何か

　「これは私が昔から感じていることで、悲惨な状況にある者、貧しいなかにある者のほうが、明るい顔をしているのです。それが、日本に帰ってくると、助ける側の日本人のほうが暗い顔をしているではないか。これはどういうことなのか。

　人間というのは、一般に持てば持つほど守るものが増えて、暗くなってくるのではないか。物を持つと守らざるをえなくなるという暗さ。じかに触れあって助けあうことを忘れてしまった暗さ。

　そしてもう一つ、アフガニスタンのような世界一貧しい国を、それもそのまま放っておいても大飢饉でつぶれようとしている国を、どうして、アメリカや日本、イギリス、ドイツ、フランス、そのほか世界中のありとあらゆる強国がよってたかってやっつけなければならない

のか、そういう素朴
な疑問がありまして、
それも、やはり、み
んなが暗い顔をして
いることと無縁では
なかろうという気が
しているわけです。
正直言って、初めの
ころは、私たちにも、
私たちの仕事は人様
を助けてあげるもの

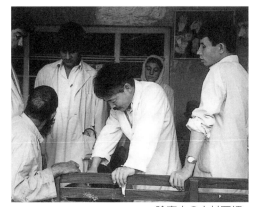

診察中の中村医師
写真提供＝ペシャワール会

なのだという、どこか思い上がった気持ちがなかったわけではありません。しかし、今では、この17年間、アフガニスタンとパキスタンで仕事を続けてきたことによって、逆に私たちが助かってきたのではないかというふうに思うようになっています。

　何よりも、くよくよすることがなくなってきた。ほんとうに人間にとって大切なものは何か、大切でないものは何か、人間が失っていいものは何か、失ってならないものは何なのか、こういうことについてヒントを得たということ——これはたいへん大きな一つの成果であったと感謝しております」（『中村哲さん講演録』ピースウォーク京都）。

　②ペシャワール会——中村哲さんの活動
　中村哲さんは、パキスタン北西の州都ペシャワールを拠点にハンセン病とアフガン難民の診療を続けてきた医師である。
　2001年10月、同時多発テロ事件に対する「報復」が始まった折、中村さんは「アフガン難民を出さない努力が先」という意見を次のように寄せている。
　「米国の報復が開始され、多くの市民が犠牲になっている。2週間も経たないうちに『タリバーン以後』の政権をどうするか取り沙汰さ

れはじめている。しかし、ちょっと待ってほしい。西部劇やゲームではない。現地の事情はマスコミが報道している内容、政治家、評論家が語る紙上の想像からはほど遠い。肝心の民衆の動向が紙面からは見えてこない。100以上の人道援助団体が大量の難民流出を期待するかのようにパキスタン側で待機しているが、怒濤のように押し寄せる難民の姿は見られない。ほとんどの人は難民にさえなれないのだ」（『朝日新聞』「私の視点」2001年10月31日）。

　ほぼ同時期に発表された国連開発計画（UNDP）のアフガニスタンの社会・経済指標の分析報告によれば、内戦と干ばつに苦しむ悲惨な現状が浮き彫りにされている。報告によると国民の7割は栄養失調で、平均寿命は40歳。幼児の４人に１人は５歳の誕生日前に死亡、衛生設備の整った状態の水を飲めるのは国民のわずか13％である。

　中村医師たちは、パキスタン北部とアフガニスタンとの国境に近いペシャワールに活動の拠点となる病院をおき、パキスタン側に２か所、アフガニスタン国内に８か所の診療所をもち、220名の現地スタッフと共に年間20万人の診療を行ってきた。この活動を支えるのが日本側のNGO「ペシャワール会」の会員で、年間１億円（この８割が募金）

現場で激励する中村医師　　　　　　　　　　　　写真提供＝ペシャワール会

の規模で運営されている。

2001年10月、中村さんは「同時多発テロ事件」が起こる直前までのアフガニスタンの実態を伝える『医者井戸を掘る』を出版した。

この本によれば、2000年夏、ユーラシア大陸中央部は未曾有の大干ばつに襲われていた。なかでもアフガニスタンが最もひどく、世界保健機構（WHO）の報告では、1200万人が被災し、400万人が飢餓線上にあった。

この大干ばつにより赤痢が大流行し、幼い命が次々と奪われていくのを、中村さんはアフガン国内の診療所で目撃した。そして、それが飲料水の不足、汚染に原因があることを突き止め、問題は医療以前の状態であると判断。飲み水を確保し、人々を引き留め、難民を出さないために現地スタッフと共に各地で井戸掘りを開始した。

はじめは十分な工具もなく、地元の伝統的な工具を使い、手掘りの作業が続けられた。井戸掘りには落石や有毒ガスの発生など常に危険が伴う。大きな石にぶつかると機械も役立たない。こうした困難を中村さんは、「風の学校」というアジア・アフリカで井戸掘りの指導を専門にしているNGOに協力者を求めて乗り越えながら、現地スタッフと共に井戸を掘り続けた。

1年間の井戸掘りの成果は、作業地600か所、うち512か所で水源が利用可能になり、20万人以上の難民化を防いだ。戦乱と渇水のため無人になった地域に、再び緑をよみがえらせ、1万人以上の人々が村に帰った例もあったという。『医者井戸を掘る』には、住民が離散し、難民化するのをくいとめるための、中村さんたちの奮闘が鮮やかに記録されている。

「ペシャワール会」の支援活動は、1984年、中村さんがJOCS（日本キリスト教海外医療協力会）の派遣医師としてペシャワール・ミッション病院に赴任したときにさかのぼる。目的はペシャワールを中心としたパキスタン北西辺境州での「ハンセン病コントロール計画」に参加して、病院の治療センターの拡充をはかるものであった。

ハンセン病は、「らい菌」による細菌感染症であり、現在は治療薬が開発され、早期に治療すれば完治する。

　中村さんはハンセン病病棟の改善に着手し、患者の継続的な治療に取り組んだ。ペシャワール・ミッション病棟の患者はさまざまな部族で構成され、まさに辺境社会の縮図であった。しかし、ペシャワールのあるパキスタン北西辺境州とアフガニスタン東部は地理的にも、文化的にも一体の地域であるため、雑多な構成であるにもかかわらず、人々は共通性も持ち合わせていた。そのひとつにアフガニスタンの全部族に共通しているといわれる「パシュトゥヌワレイ（パシュトゥン人の掟）」がある。信義にあつく、勇気と徳と名誉を重んじる慣習法は近代的な国家や、法の概念とは相容れない掟である。

　中村さんは、こうした異文化を理解することが、医療の重要なポイントであると言う。異なる文化や習慣のもとに暮らし、異なる考え方をもつ人々をいかに理解するか、ということにエネルギーをそそいできた。人は自分たちの一方的な価値観で、良い・悪い、優れている・劣っている、を判断するあやまちをおかしやすい。このような経験にもとづいて「ペシャワール会」では、その地域の文化や慣習についてはいっさい、良い・悪いの判断をしないという基本姿勢を貫いている。

　その後、ハンセン病の多発地域は、腸チフス、結核、マラリア、デング熱、赤痢など他の感染症も多く、ハンセン病だけを診る診療では成り立たないこと、また医療施設のほとんどない山奥の村が多いことがわかり、活動方針を転換した。そしてアフガニスタン国内に診療所を建てるための調査が開始された。

　当時、アフガニスタンに対してソ連が爆撃を行っており、難民キャンプに避難している住民への調査も始まった。1986年にはペシャワール会の支援で、現在のペシャワール会医療サービス（PMS）の母体となるアフガン・レプロシー・サービスが設立され、難民キャンプへの医療活動が始まった。アフガニスタンでは道路のある地域はごく稀で、車の通れない山道が多い。中村さんたちは「人のやりたがらぬこ

とをなせ。人のいやがる所へゆけ」との方針をたてて、アフガニスタ
ン東部の山岳地帯を中心に医療範囲を拡大していった。

　8年間に及ぶソ連軍の介入は、アフガニスタンの国土を荒廃させ、
人口は半減し、生産力にも決定的な打撃を与えていた。1988年にソ連
軍が撤退を開始したが、その後も、共産主義政権に対してはソ連の軍
事援助、反政府勢力に対してはアメリカの軍事援助が続き、内戦状態
に移行し、戦闘はさらに激化していった。

　1992年4月になって共産主義政権が倒れ、政権交代が起こる。そし
て、農村部には平和が戻り、5月から7か月間に200万人の難民がそ
れぞれの故郷に帰還した。現在、アフガニスタン東部にある3つの診
療所は、当時のアフガニスタンに戻ってくる難民を迎えるかたちで開
設されたものである。

　アフガニスタンの医療事情は、他の発展途上国と同様に「戦争・貧
困＝不衛生＝病気」という悪循環に阻まれている。そして、富の偏在
のため、金持ちは高水準の医療が受けられる。医療技術も低水準では
ない。しかし、残念ながら、医療技術者の中には、その技術をアフガ
ニスタンでは活かせないために欧米へ出て行く人が多い。医療過疎地
域の経済的貧困層は、医療を受ける機会さえ与えられていない。死亡
原因では感染症が第1位を占め、下痢症が最も多い。

　こうした実態をふまえて、中村さんは、現地の実情に即した活動と
人材の確保のための、人材養成と訓練に力を注いできた。1992年まで
に60名のスタッフを擁する一団となった。その後、ペシャワール会医
療サービスを発足させ、1998年からはペシャワールにアフガニスタン
とパキスタンのプロジェクトを統合し、活動の拠点となるPMS病院
を開設し、医療活動を継続している。

　「今や全世界で、皆がおそれながらも口に出しにくい事実は、我々
が何かの終局に向かって確実に驀進しているということである。我々
の未来を考えるのは幾分恐ろしい。過去10年にわたって我々の眼前に
くりひろげられた出来事からいえることは、中世はおろか、古代から

人間の精神構造は、複雑になっただけでそれほど進歩してはおらず、技術の水準だけ野蛮（やばん）でありつづけたということである。私はアジア的な封建性や野蛮を肯定しているのではない。たとえ文明の殻をかぶっていても、人類が有史以来保持してきた野蛮さそのもの、戦争そのものが断罪されねばならないと思うのである。

　我々の敵は自分の中にある。我々が当然とする近代的な生活そのものの中にある。ソ連が消滅し、米国の繁栄にかげりが見えはじめた今、我々をおびやかすものが何であるのか、何を守り、何を守らなくてよいのか、静かに見透かす努力をする時かも知れない」（中村哲『アフガニスタンの診療所から』筑摩書房）。

　③黙想　　幸いと不幸
「貧しい人々は、幸いである、
　神の国はあなたがたのものである。
　今飢えている人々は、幸いである、
　あなたがたは満たされる。
　今泣いている人々は、幸いである、
　あなたがたは笑うようになる。
　人々に憎まれるとき、また、人の子のために追い出され、ののしられ、汚名を着せられるとき、あなたがたは幸いである。その日には、喜び踊りなさい。天には大きな報いがある。この人々の先祖も、預言者たちに同じことをしたのである。
　しかし、富んでいるあなたがたは、不幸である、
　あなたがたはもう慰めを受けている。
　今満腹している人々、あなたがたは、不幸である、
　あなたがたは飢えるようになる。
　今笑っている人々は、不幸である、
　あなたがたは悲しみ泣くようになる。
　すべての人にほめられるとき、あなたがたは不幸である。この人々

の先祖も、偽預言者たちに同じことをしたのである」

（ルカ6・20−26）

　マタイによる福音書5−7章に収められているイエスの教えは、イエスが山に登って語ったといわれ、「山上の説教」としてよく知られている。一方、同じ内容の説教が、ルカによる福音書6章では「平らな所」に立って説教されたことから、「平地の説教」といわれている。マタイ、ルカともに「Q資料」（イエスの語録集）を使って書かれているが、マタイはさらに、独自の資料を用いているためルカの3倍の分量になっている。マタイの「山上の説教」の冒頭の部分と並行している記事が、上記のルカの引用である。

　マタイの「山上の説教」と、ルカの「平地の説教」を比較すると、ルカには、4つの幸いと4つの不幸があり、マタイには8つの幸いがあって不幸にはふれていない。なぜ、このような違いがあるのかについてはさまざまな議論があるが、ルカの冒頭の3つの幸いは、イエスの語った言葉に最も近いといわれている。

　ルカの「平地の説教」の中で、なぜ「貧しい人」「飢えている人」「泣いている人」が幸いであるといわれているのか、また、なぜ「富んでいる人」「満腹している人」「笑っている人」は不幸であるといわれているのか、現在の私たちの生活に引き寄せて考えてみよう。そして、「我々の敵は自分の中にある。我々が当然とする近代的な生活そのものの中にある」と中村さんが指摘していることもあわせて考えてみよう。

　私たちは、あり余るモノに囲まれ、モノを消費し、使い捨てる生活を送ってきた。ほんとうに必要かどうか、よく考えずにモノを買って、後悔することもままある。一方、わずかな金額で手に入る薬が購入できないために、病気で亡くなっていく子どもたちが世界に大勢いることも知っている。

　豊かな生活の中で、モノを消費することを当たり前としてきた私た

ちは、ほんとうの幸せを感じているのだろうか。日常生活をかえりみながら、あらためて人間にとって大切なものは何か考えていこう。

第4章 宗教とは
21世紀のキリスト教

はにかむ女子学生たち。（マレーシア）

©桃井和馬

1　現代と宗教
「宗教」をどう考えてきたか

①「オウム真理教事件」の与えた影響

　現代の日本では、あらたな宗教ブームが起こっているといわれる。伝統的な日本の宗教である神道・仏教以外のさまざまな新しい宗教がおこり、信者を増やしている。そのような背景のもとでオウム真理教の事件が起こった。1994年の松本サリン事件、1995年の東京での地下鉄サリン事件である。この事件の後、教祖は殺人容疑で逮捕され、裁判の過程でさまざまな犯罪行為が明らかになった。

　この事件は、ふだん宗教に無関心な人々にも、宗教についてあらためて考えるきっかけを与えたようだ。「オウム真理教事件」が宗教のイメージに与えた影響を調査した世論調査の結果（石井研士『データブック・現代日本人の宗教』）を参考にしながら、どのような影響があったのか考えてみよう。

図1　オウム真理教の一連の事件で、あなたの宗教に対する見方は変わりましたか。とくに変わりませんか。

図2　宗教団体の「オウム真理教」をめぐる犯罪が問題になっています。あなたは、一連の事件を通して、宗教全般に不信感を持ちましたか、それとも、一般の宗教とは関係のない特別な例だと思いましたか。

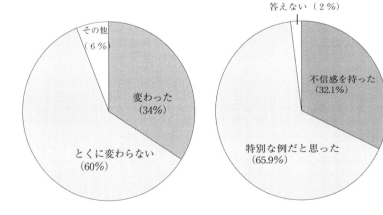

答えない（2%）

その他（6%）

変わった（34%）

とくに変わらない（60%）

不信感を持った（32.1%）

特別な例だと思った（65.9%）

図1、2はオウム真理教事件が起こった後に実施された新聞社による調査である。

　図1では、宗教に対する見方が変わったか、という質問に、「変わった」という回答が34%で、60%は「変わらない」と回答している。

　図2では、宗教に対する不信感を持ったかという質問に、「不信感を持った」とする回答が32%、「特別な例だと思った」が66%である。

　図1、2の調査結果から読みとれることは、オウム真理教事件は特別な事件であり、オウム真理教と他の宗教は違うことを理解している結果ともいえる。

　しかし、最近の「新しい宗教」に対して多くの疑問を投げかけ、マイナスの評価を示す調査結果もある。

　日本世論調査会が行った図3の「新しい宗教」に対するイメージについての調査では、オウム真理教をはじめとする「最近の新しい宗教」のイメージは、「金もうけ主義」60%、「強引な勧誘」46%、「怖い」37%などマイナスの評価が高い。図4の「『宗教』のイメージ」の回答にもっとも多く見られる「心・精神」のイメージと「新しい宗教」のイメージとは大きくかけ離れている。この「宗教」と「新しい宗教」のイメージの違いは、何が理由として考えられるだろうか。

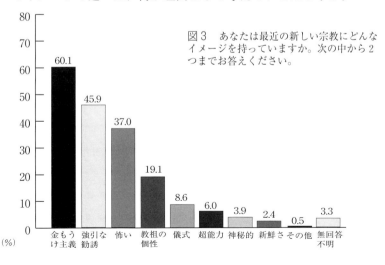

図3　あなたは最近の新しい宗教にどんなイメージを持っていますか。次の中から2つまでお答えください。

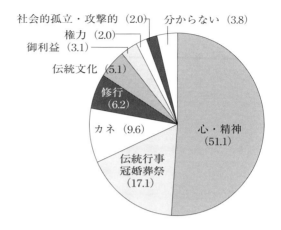

図4　あなたは、宗教に対して、どのようなイメージを持っていますか。あなたのイメージに最も近いものを、次の中から1つだけお答えください。

社会的孤立・攻撃的（2.0）　分からない（3.8）
権力（2.0）
御利益（3.1）
伝統文化（5.1）
修行（6.2）
カネ（9.6）
伝統行事冠婚葬祭（17.1）
心・精神（51.1）

　図5は「オウム真理教事件の背景」についての回答である。

　「多くの若者が『オウム真理教』にひかれた理由や社会的背景について、次の中からあなたの考えに近いものがあれば、いくつでもあげてください」という質問に、「心のよりどころがない」46％、「自分で考えたり判断ができない」42％と半数に近い人々が回答している。これらの回答が多いことを、どのように受けとめたらよいのだろうか。図5にあげられている意見を参考にして、若者がオウム真理教にひかれた理由や社会的な背景について、また、なぜ大多数の若者が宗教に無関心なのか、話し合ってみよう。

図5　「オウム真理教」の信者の大半は、20代から30代の若者だといわれています。多くの若者が「オウム真理教」にひかれた理由や社会的背景について、次の中からあなたの考えに近いものがあれば、いくつでもあげてください。

心のよりどころがない	46.2
自分で考えたり判断ができない	42.0
布教や修行の仕組みが巧妙だった	38.5
家族のきずなが弱い	32.3
競争社会から逃げたかった	28.5
SFや超能力ブームに影響された	25.8
教祖が特異な人物だった	25.5
宗教に関する知識が不十分だった	19.7
他の宗教に魅力がなかった	6.7
その他・答えない	5.8

②日本の社会は「宗教」をどう考えてきたか

　オウム真理教事件は、宗教について考える際にいくつかの問題を提起している。オウム真理教が成立した背景には、現代社会が抱えている病理が反映しているといわれる。

　敗戦後、日本の社会は急激に変化した。何よりも経済的な発展による社会の変化が人々に与えた影響は大きい。そして今、日本の社会構造は大きく変わりつつある。その変化は、親と子どもとの関係、家族のあり方などにも影響を与えている。また、銃の発砲事件が多発するアメリカ社会を「病んでいる」と日本のマスコミは書きたててきたが、日本でも凶悪な犯罪が増加し、また１年間の自殺者が３万人を越すなど、社会の歪みや息苦しさに起因する病理が目立ってきている。

　戦争の荒廃から立ち上がって、戦後50余年かけて手に入れた「豊かさ」とは何か、かえりみる必要はないだろうか。確かに、この半世紀間に経済的には「豊かさ」を築いたといえるかもしれないが、ほんとうの意味で「しあわせ」を実感して生きているだろうか。子どもたちの将来に、夢を抱かせる世の中になっているだろうか。カネとモノがあふれ、表面だけは豊かな国にはなったが、「豊かさに憧れた日本は、豊かさの道を踏みまちがえた」（暉峻淑子『豊かさとは何か』）のかもしれない。

　そして、残念ながら、戦後の日本の社会は、宗教というひとりひとりが考えなければならない「問い」と、正面から向き合うことを忘れてきたのではないか。豊かさを追求するあまり、経済的に安定することを最優先し、「目に見えないもの」をないがしろにしてきたあり方そのものを、あらためて見つめ直すよう求められているのではないか。今まで、大人が宗教について真面目に考えることを忘れ、宗教に向き合ってこなかったツケが、オウム真理教事件を引き起こした背景にあるといえないだろうか。そのことに気づかない限り同じような事件は再びくりかえされるだろう。

2 日本人の宗教意識と宗教行動

①統計に見る信者数

日本の社会では、「初詣では神社に出かけ、結婚式はキリスト教式で挙げ、葬式は仏教」という話を聞いて違和感を感じる人は少ないだろう。初詣でに出かけた人の中にも、自分が拝んでいる対象が何であるか確認することもなく、手を合わせ、祈願した経験をもつ人は多いのではないか。自分の都合に合わせて宗教を使い分け、それを当たり前と受けとめてきた宗教行動は、日本人の宗教に対する考え方を反映しているといえないだろうか。

また、宗教に関する資料をまとめ、日本の宗教の現状を把握するために文化庁が刊行している『宗教年鑑』には、それに対応するかのように、日本の総人口をはるかに越える宗教団体の信者数が記載されている。図1からも明らかなように、神道系がもっとも多く１億1692万人、仏教系が約8700万人、諸教が1000万人、キリスト教系が145万人となっている。諸教は、新宗教のみをさすのではなく、金光教、黒住教は神道系に、霊友会、立正佼成会は仏教系に分類されている。伝統的な宗教にも新宗教の団体が含まれている。

日本人の宗教意識を調査したNHK放送研究所編『日本人の宗教意識』（1984年）の中で引用されているエピソードを紹介しよう。

「特に、外国人とつきあう場合、この『宗教』というのは、難問の一つである。アメ

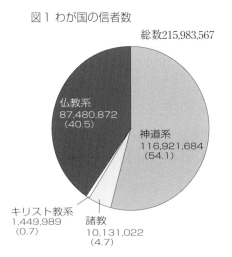

図1 わが国の信者数

総数215,983,567

仏教系
87,480,872
(40.5)

神道系
116,921,684
(54.1)

キリスト教系
1,449,989
(0.7)

諸教
10,131,022
(4.7)

リカやヨーロッパに行く時、『向こうで「あなたの宗教は何か」とたずねられたら、たとえ信仰していなくても、「仏教です」とか、「神道です」と答えておいたほうがいい。正直に「私は信仰をもっていない」などと言ってしまうと変な目で見られる』などと助言された人も、少なからずいるにちがいない。一般にこのような注意が必要だ、と考えられているほど、日本人は無宗教だということになっているようだ」。

　たしかに、図2にみられるように「信仰の有無」についての日本とアメリカの調査結果を比較してみると、日本人で信仰をもっている人は33%で、他の同様の調査でも、ほぼ3割という結果が出ている。こうした調査結果をもとにして、「日本人の宗教性の低さ」が指摘されてきた。しかし、宗教学者の石井研士さんは、アメリカと比較して日本人は非宗教的とすることはできない。アメリカは他の諸外国と比べて、著しく「宗教性の高い」国であるから、その差は大きくなる。日本と同じように、アメリカと比較して非宗教的な国は他にもあるという。「信仰の有無」の結果のみをとらえて「日本人の宗教性の低さ」を強調するのではなく、具体的にどのような点で宗教意識が低いのか考えてみる必要があるようだ。

図2　信仰の有無（日米の比較）

	信仰をもっている	信仰をもっていない
日　本　人	33%	65%
アメリカ人	93%	7%

②日本人の宗教意識と宗教行動

　それでは「日本人の宗教性の低さ」はどのような点にあるのかを、図3の「宗教団体への帰属」を示す調査で見てみよう。図3では宗教団体（宗教教団）に属している割合が10%をきっている。信仰をもっていると回答した人の中で、はっきりと自分が宗教団体に属していると自覚している人はきわめて少数であることを示している。また、宗

図3　宗教団体への帰属

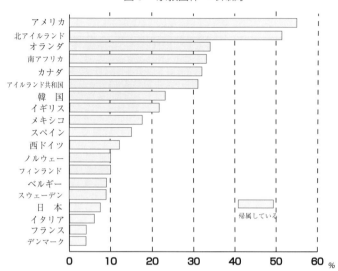

教団体への信頼を問う質問にも、他の国と比較して著しく低い回答が目立っている。宗教団体への帰属率、信頼度の低さは何を意味しているのだろうか。

　図4は「37カ国『世界価値観調査』レポート」の中の「宗教の有無」についての回答である。日本は37か国中30番目に位置し、同じような質問「自分は信心深いと思うか」に対しても、「信心深い」と回答する人は21％で、36番目となっている。この２つの回答から、はっきりしてくるのは、個人としての宗教に対する自覚の低さである。「家の宗教」として、回答できても、個人として宗教の有無をたずねられると戸惑ってしまう結果が読みとれる。

　次に、初詣で、墓参り、経典を読むなどの宗教行動の調査結果にはどのような特徴があるのだろうか。図5は宗教行動についての回答である。56％が初詣でに出かけ、81％の人がお盆やお彼岸に墓参りをしている。宗教行動については、どの調査でも、年中行事や冠婚葬祭などは実施率が高い。しかし、経典を読む、座禅を組むなどの日常的な宗教行動への参加は、一部の人に限られてくる。こうした日本人の日

図4　宗教の有無
　　　現在何らかの宗教を持っているか

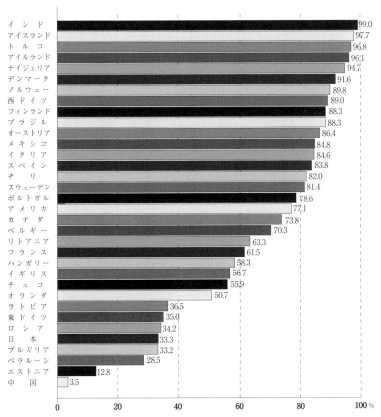

イ ン ド	99.0
アイスランド	97.7
ト ル コ	96.8
アイルランド	96.1
ナイジェリア	94.7
デンマーク	91.6
ノルウェー	89.8
西 ド イ ツ	89.0
フィンランド	88.3
ブ ラ ジ ル	88.3
オーストリア	86.4
メ キ シ コ	84.8
イ タ リ ア	84.6
ス ペ イ ン	83.8
チ リ	82.0
スウェーデン	81.4
ポルトガル	78.6
ア メ リ カ	77.1
カ ナ ダ	73.8
ベ ル ギ ー	70.3
リトアニア	63.3
フ ラ ン ス	61.5
ハンガリー	58.3
イ ギ リ ス	56.7
チ ェ コ	55.9
オ ラ ン ダ	50.7
ラ ト ビ ア	36.5
東 ド イ ツ	35.0
ロ シ ア	34.2
日 本	33.3
ブルガリア	33.2
ベラルーシ	28.5
エストニア	12.8
中 国	3.5

図5　宗教行動

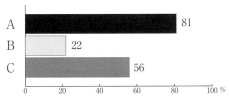

A	81
B	22
C	56

A　あなたは、この1年間、お盆やお彼岸などで、墓参りに行きましたか。行きません
　　でしたか。
B　あなたは、聖書や仏教の教典など宗教の本を、ときどき読むことがありますか。
C　あなたは、今年の正月、どこかに初詣でに行きましたか、行きませんでしたか。

常生活に根ざした宗教行動を諸外国と比較すると、明らかに低いことがわかる。

　最後に、図6の「神の存在」についての質問への回答を参考にして日本人の宗教意識の特徴を見ておく。「神の存在」を認める回答率は、他の調査も含めて、他国と比べて順位は低い。しかし、存在するのか、存在しないのかどちらでもなく「わからない」の回答率が高いのが特徴である。

　以上、日本人の宗教に対する見方、考え方についての宗教意識・宗教行動の調査を見てきたが、個人としての宗教に対する自覚の低さ、日常的な宗教行動の低さ、「神の存在」については「わからない」と

図6　神の存在

	この世には唯一の神が存在する	何らかの神または人を動かす見えない力が存在する	そのようなものが存在するような気もするし、存在しないような気もする	神も人を動かす力も存在しない	わからない
日本	5	29	37	11	18
英国	31	39	19	9	4
北アイルランド	70	18	8	1	3
アイルランド共和国	73	16	6	2	3
フランス	26	26	22	19	7
ベルギー	39	24	15	8	14
西ドイツ	25	37	16	13	10
オランダ	34	29	17	12	8
スペイン	55	23	12	6	5
デンマーク	24	24	22	21	10
イタリア	26	51	11	6	6
アメリカ	66	25	6	2	2
カナダ	51	35	8	4	2
フィンランド	25	45	12	6	－
スウェーデン	19	39	19	18	6
ノルウェー	41	31	18	9	2
メキシコ	31	50	8	4	6
南アフリカ	63	19	9	2	7
韓国	18	24	33	12	13

する、宗教に対して明確な態度をとらないなどの特徴が確認できたのではないだろうか。

　ここから、私たちの身近な話題におきかえて考えてみよう。以下の質問には、宗教と直接、関連しないものも含まれているが、自分の今までの宗教に対する見方、考え方、そして宗教行動を見直すきっかけにしてほしい。まず、自分はどのように考えてきたか、どのように行動してきたかふりかえった上で、お互いの意見を交換してみよう。

　そして、私たち自身の宗教についての見方、考え方を整理し、確認しておこう。

1. 初詣でに行くのはなぜですか。
2. 受験の際、合格祈願に行くのはなぜですか。
3. お墓参りに行くのはなぜですか。
4. 占いを信じますか、信じませんか。
5. 血液型は人の性格や相性と関係があると思いますか。
6. お守りをもっている人は、なぜもっているのですか。
7. 超能力を信じますか、信じませんか。
8. 仏教の経典や聖書などの宗教の本を、読むことがありますか。
9. 大安、仏滅、友引などを気にしますか。
10. 同じ人が初詣で、お彼岸、クリスマスなど異なる宗教の行事に参加するのは宗教上おかしいと思いますか、思いませんか。
11. 科学が進歩すれば、神秘的な事柄はすべて説明がつくようになると思いますか。
12. 科学技術が進歩すれば、人間は幸せになると思いますか。
13. 宗教はあなたが生きていく上で大切なものだと思いますか。
14. 新しい宗教が若者をひきつける理由は何だと思いますか。
15. 宗教にどのような役割を期待しますか。
16. 私たちの生活に宗教は必要だと思いますか。
17. 経済的な豊かさと心の豊かさとではどちらが大切ですか。

3 他宗教との対話

①「同時多発テロ事件」をどう受けとめるか

21世紀に入り、新しい時代を読み解くには「民族と宗教」がキーワードになるといわれている。

そのような見方を予感させるような出来事が2001年9月11日、ニューヨークとワシントンで起こった。「同時多発テロ事件」である。アメリカの象徴でもある世界貿易センターと国防省に旅客機が衝突し、多くの人々が犠牲となった。

この実行犯であるイスラム原理主義者といわれるテロリストたちは、アメリカが経済的にも軍事的にも世界を支配し、自分たちの主張する「正義」が常に正しいとしてきたことへの憎しみと怒りをこめて、テロという行為に及んだようだ。あのような誰も想定できない方法を選んで実行したということは、彼らが今の世界に希望を見いだせず、絶望していたことの裏返しともいえないだろうか。もしも自分たちに主張があるならば、暴力によらない方法で、解決の道を模索するべきである。しかし彼らの選んだ道は、テロリズムという脅しであった。

アメリカはその後、テロ行為は「戦争」であるとの判断に立って、報復を開始した。世界で最強といわれる軍事力をもつアメリカが、テロリストという「見えない敵」に向かって、圧倒的な軍事力を使って報復した結果、アフガニスタンのタリバーン政権は瞬く間に崩壊したが、爆撃によって多くの民間人が犠牲になった。

テロとは、そもそも相手を混乱させ、あわてさせて、的確な判断を失わせ、挑発することが狙いだといわれる。テロに対応する指導者に求められることは、「憎しみの連鎖」を断ち切り、冷静さをとりもどし、テロリズムでは解決しないことを相手に伝えることではないだろうか。

事件の直後、報復戦争突入の権限を大統領に与える決議案に420対

１の表決で、ただ一人反対した下院議員バーバラ・リーさんは自分の気持ちを次のように述べている。「私を産むとき、母は黒人だからと入院を拒まれ難産でした。私は闘いながら生まれてきました。母の教えは『正しいことをしなさい』。正しいこととは人間が人間として扱われることです」。

イラク空爆に反対
©桃井和馬

私たちは、「同時多発テロ事件」を、民族と民族、宗教と宗教が敵対する前提に立って受けとめるのではなく、相互に対話し、共存をめざす方向で、解決の道を模索すべきではないだろうか。さらに、現代のグローバリゼーションを先進国の利益のために進めるのではなく、飢餓、病気、貧困を克服するためのグローバルなネットワークに転換していくことが求められているのではないか。

② 「同時多発テロ事件」後に起こったこと

「同時多発テロ事件」の直後から、アメリカの各地でアラブ系移民であるイスラム教徒に対してさまざまな嫌がらせが始まった。なかにはテロ関連の容疑で、アラブ系移民であるという理由で強制的に収容され、強制送還された人々もいる。テロリストたちがイスラム原理主義者であったからである。原理主義者はイスラム教徒の中の一部であり、しかも暴力を容認するのは、さらに限られたグループである。

アメリカ・カリフォルニア州在住のザファール・ジャフリさんは、高校を卒業し、大学進学を目前にしていた時に、「同時多発テロ事件」が起こった。ザファールさんの両親はパキスタン出身のイスラム教徒

である。テロ直後から、彼は自分の身近に差別や偏見を感じるように
なった。そして、彼のホームページには「すべてのアラブ人を殺せ」
などの嫌がらせのメールが1日に100通も入るようになり、「なぜ、民
族や宗教の違う者同士が憎しみ合わねばならないのか。自分にできる
ことは何かないだろうか」と考え込む日々が続いた。

　悩んだ末、近くのユダヤ教のシナゴーグ（会堂）を訪ねることにし
た。初めての訪問で、自分の話を聞いてもらえるか不安ではあったが、
ラビ（ユダヤ教指導者）に面会を求めたところ、快く招き入れられ、
話し合うことができた。ラビはザファールさんに「平和を生み出すの
は簡単ではない。平和は銀の皿で運ばれてはこない。しかし、お互い
に平和をつくり出すために力を合わせよう」と答え、さらに祭壇から
ユダヤ経典の巻物を取り出し、「隣人を苦しめてはならない」という
教えを引用して、ユダヤ教もイスラム教も同じだと励ましてくれた。

　ザファールさんにとって、このラビとの話し合いは、お互いに理解
すれば壁は乗り越えられるとの確信を抱かせる結果となった。その後、
彼は「ひとつの場に集まろう」と自分のホームページに「United
Together」というサイトをひらいて、若者に対話を呼びかける活動
を始めるようになった（「2002年・きみと語る戦争」NHK　2002年8
月15日放送）。

　差別や偏見からザファールさんを立ち上がらせたのは、憎しみや敵
対心からは何も生まれないという確かな手応えだ。民族や宗教の違い
を越えて、若者の対話が広がることが、共存への道を築く第一歩であ
るという確信がザファールさんを支えている。

　③イスラムとの対話
　アメリカでの「同時多発テロ事件」をキリスト教世界対イスラム世
界の「文明間の戦争（衝突）」に発展するかのようにとらえる人たち
がいる。残念ながらこのような見方は、イスラム世界の多様性を十分
に理解しているとはいえないだろう。

イスラムというと、すぐにアラブ諸国中心のイメージでとらえてしまうが、世界でもっともイスラム教徒の多い国はインドネシアであり、以下バングラデシュ、パキスタン、インド、ナイジェリアと続く。アラブ人は全イスラム教徒の５分の１にすぎない。イスラムの世界はアラブだけでなく、アジア、アフリカ、そして世界各地に住むイスラム教徒を含む多様な世界で成り立っていることを認識すれば、安易に「文明間の戦争（衝突）」などということはできない。

　現在、イスラム教はキリスト教に次ぐ世界第二の宗教である。また、2025年には世界人口の３分の１をイスラム教徒が占めるようになるとの予測もある。現在、日本にも少数ではあるが、イスラム教徒が住み、モスクで礼拝を守っている。私たちが日常生活でイスラムに触れる機会は少ない。しかし、これからはイスラムの人々と出会う機会は確実に増えてくるだろう。

　歴史的に、近代の西洋文明の源泉をたどっていくとイスラム文明にいきつくことは、明らかである。近代の西洋文明を西洋中心の視点から見るだけでは、全体を見渡したことにはならない。元来、イスラム世界は宗教や文化の異なる多様な人々が行き交い、共生する場を提供してきたといわれる。砂漠ではなく、都市を基盤に発展してきたのがイスラムの文化、宗教である。

　ところで、イスラム教徒が信仰生活で大切にする「五行」といわれる宗教的義務がある。

　１．信仰告白（シャハーダ）
　　「アッラーのほかに神はなく、ムハンマドはアッラーの御使いである」と唱えること。

　２．礼拝（サラート）
　　日の出・正午・午後・日没・夜の礼拝をささげること。金曜日の正午の礼拝はモスクで行う。

　３．断食（サウム）
　　イスラム暦の９月（ラマダーン）の１か月を断食の月として過

ごす。日中はいっさい飲食物をとらない。

4．喜捨（ザカート）

自分の蓄えた財産の一部（2.5％）をささげること。一定以上
の財産を持つ者にかかる一種の福祉税。

5．巡礼（ハッジ）

イスラム暦の12月（巡礼月）に聖地メッカにあるカーバ神殿に
巡礼すること。経済的・身体的に能力のある者が一生に1回だ
け行えばよい。

イスラム教では、最初の預言者はアダムであり、最後の預言者がム
ハンマド（570頃－632）である。ムハンマドが神から授かった啓典
『クルアーン（コーラン）』は神が人類に授ける最後の啓典であると考
えられている。そして、預言者ムーサー（モーセ）を通して啓示が与
えられ、トーラー（律法）を授かったのがユダヤ教徒であり、預言者
イーサー（イエス）を通してインジール（福音書）を授かったのがキ
リスト教徒である。イスラムの教えでは、神は数多くの預言者を遣わ
して神の言葉を伝え、さまざまな宗教がうまれた。「イスラム」とは
「神に絶対的に服従する」という意味である。この神への絶対的服従
という点においては、すべての宗教が一つになるという立場である。
ここには多様な宗教が最後には一つになるという、他宗教との共存を
前提としたイスラムの基本的な考え方がある。

西洋中心の世界では、イスラム世界に対してさまざまな誤解や偏見
がつくられてきた。そのような誤った見方の根底には、西洋のキリス
ト教が他宗教に対して非寛容であった歴史が影響している。過去のキ
リスト教が犯した過ちの根本には、キリスト教を絶対化し、西洋中心
のものの考え方を基準としてきたことにある。私たちは、過去のキリ
スト教の歴史を学ぶとき、他宗教に対する非寛容な態度や自分たちの
価値観を絶対化する考え方が誤解や偏見を助長し、相手を憎み、敵対
する関係をつくってきた事実を確認し、過ちを繰り返さないために、

他宗教を正しく理解する必要がある。

　宗教（religion）は、「再び結びつけるもの」（religare)、「再び集めるもの」（religere）という語源をもつ。引き裂かれていたものを再び結びつけるのが宗教の役割であるとすれば、今日こそ、壊れかけている世界を結び合わせる働きが宗教に求められているといえないだろうか。これからの宗教に期待される役割は、お互いの理解を深め、対話しつつ、共存の道をつくっていくことである。そのためには、世界の諸宗教の歴史や基本的な考え方を学び、基礎的な知識をもつことから始めよう。

　次頁の『世界宗教分布図』は、世界をアジア、オセアニア、ヨーロッパ、アフリカ、北アメリカ、ラテン・アメリカに分けて、主要宗教の分布を示している。各宗教がそれぞれどの地域に分布しているのか、また、各地域の主要宗教の割合が、その地域の宗教の特徴をどのように反映しているのか考えてみよう。さらに分布図を参考にして、主要宗教についてその宗教の歴史や基本的な教え、考え方を調べ、理解を深めよう。

4　現代のキリスト教
現代社会とキリスト教の接点

①キリスト教の教派
　キリスト教は、歴史の宗教といわれる。2000年の歴史の中で、キリスト教はさまざまな時代、地域に生きた人々の織りなす出会いによって、多様な教派をつくってきた。

　現在のキリスト教は、「世界宗教分布図」からも明らかなように大きく東方正教会、ローマ・カトリック教会、プロテスタント教会に分けられる。この3つの教派がどのようにして成立してきたのかを見るには、キリスト教の歴史をふりかえっておく必要がある。ここでは各教派の成立と特色にかかわる歴史を概観しておこう。

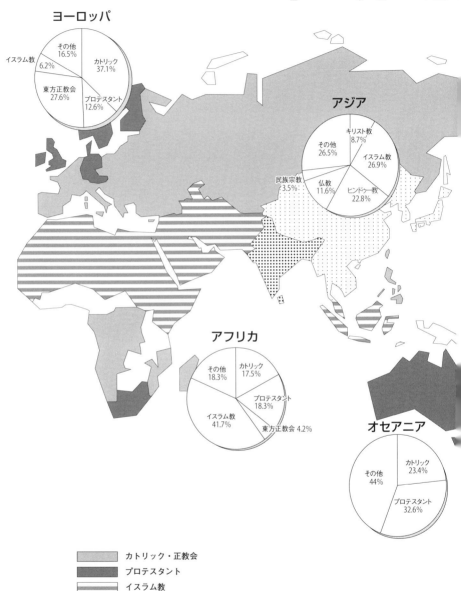

世界宗

ヨーロッパ

- その他 16.5%
- イスラム教 6.2%
- 東方正教会 27.6%
- カトリック 37.1%
- プロテスタント 12.6%

アジア

- その他 26.5%
- キリスト教 8.7%
- イスラム教 26.9%
- 民族宗教 3.5%
- 仏教 11.6%
- ヒンドゥー教 22.8%

アフリカ

- その他 18.3%
- カトリック 17.5%
- プロテスタント 18.3%
- 東方正教会 4.2%
- イスラム教 41.7%

オセアニア

- その他 44%
- カトリック 23.4%
- プロテスタント 32.6%

凡例:
- カトリック・正教会
- プロテスタント
- イスラム教
- 儒教・仏教・神道・道教
- ヒンドゥー教
- その他

教 分 布 図

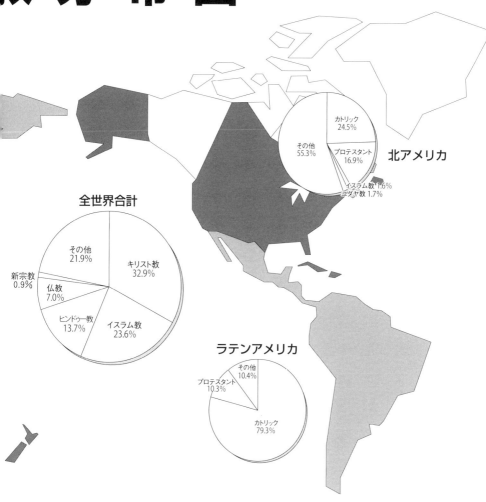

全世界合計

その他
21.9%

キリスト教
32.9%

新宗教
0.9%

仏教
7.0%

ヒンドゥー教
13.7%

イスラム教
23.6%

北アメリカ

カトリック
24.5%

その他
55.3%

プロテスタント
16.9%

イスラム教 1.6%
ユダヤ教 1.7%

ラテンアメリカ

その他
10.4%

プロテスタント
10.3%

カトリック
79.3%

（『キリスト教年鑑2019』キリスト新聞社　より）

イエスの死後、キリスト教は、ユダヤ人キリスト教徒とキリスト教に改宗した異邦人キリスト教徒によって、たび重なる迫害にもかかわらず、着実に成長し、ローマ帝国全域に広がっていった。

　313年、ローマ皇帝コンスタンティヌスは、「ミラノ勅令」を発布し、キリスト教を合法宗教と認めた。さらに、コンスタンティヌス帝は、東方に拡大したローマ帝国を確実に統治するため、東ローマ帝国の都として、コンスタンティノポリス（現在のイスタンブール）を建設した。以後、キリスト教の中心は、西方のローマと東方のコンスタンティノポリスに、二分されることになった。そして、このローマを中心として発展した西方の教会を、ローマ・カトリック教会と呼ぶようになった。

　「カトリック」とは、さまざまな時代、文化の中にあっても、変わることのない、唯一の福音の真理をあらわしていることを意味し、「普遍的」「公同的」とも訳される。

　その後、392年、テオドシウス帝はローマ帝国の国教としてキリスト教を公認し、異教を禁止した。5世紀末、西ローマ帝国の滅亡後、フランク王国が登場するが、やがてフランク王国はキリスト教に改宗し、カトリック教会はローマ教皇を中心として中世ヨーロッパ社会と文化を支配する勢力として拡大していき、次第に、教皇の権力は国王の権力を上回るようなった。

　11世紀に入り、東方のコンスタンティノポリス教会と西方のローマ・カトリック教会との間に論争がおき、東西の教会は分裂し、以後東方の教会は東方正教会として、西方のローマ・カトリック教会と袂<ruby>袂<rt>たもと</rt></ruby>を分かつことになった。カトリック教会はその後、イスラム教徒からエルサレムを取りもどそうと「十字軍」を派遣するが失敗し、教皇の権力は衰退の一途をたどった。

　16世紀に入った1517年、ドイツではマルティン・ルターが「95か条の堤題」を公表したことにより、宗教改革運動が始まった。宗教改革により、ローマ・カトリック教会から分かれて成立したのがプロテス

タント教会である。プロテスタントとは、1529年、ドイツのシュパイエル国会においてルターを支持する少数の改革推進派が、改革阻止を決議した多数のカトリックからなる議会に抗議（プロテスタティオ）したことに由来する名称である。

　スイスでは、ツヴィングリ、カルヴァンによって改革運動が展開された。イギリスではヘンリー8世の離婚問題にからんで、ローマ・カトリック教会と対立し、1534年に英国国教会（聖公会）が成立した。しかしその後、エリザベス1世がカトリック教会に対して妥協的であることに不満を持った人々がピューリタン（清教徒）と呼ばれ、信仰の自由を求め国教会から離脱し、弾圧を避けて、アメリカへと移住した。メイフラワー号でアメリカへ渡った「ピルグリム・ファーザーズ」と呼ばれる一団はよく知られている。

　以上、各教派に分かれた歴史をたどってきたが、次節では現代に視点を置き換えて、現代のキリスト教は、どのようにこの世界とかかわりをもってきたのか考えてみよう。

②現代のキリスト教──「世界教会協議会（WCC）」の働き

　現代のキリスト教の働きをエキュメニカルな視点からふりかえり、カトリック教会の歩みを大きく転換した第2ヴァティカン公会議の与えた影響についても考えてみよう。

　20世紀に入り、1910年、エディンバラにおいて「世界宣教会議」が開催され、キリスト教諸団体の代表者が集まり、世界のキリスト教徒の一致をめざした対話が教派をこえて開始された。エディンバラの会議は世界の諸教会が教派をこえて集まった最初の会議である。この教会一致促進運動をエキュメニカル運動と呼んでいる。エキュメニカルとは、「全世界」を意味するオイクメネーというギリシア語に由来し、オイクメネーは教会の歴史の発展の中で、諸教会の会議をさす用語として使われてきた。

　エディンバラの会議のあと、数回の会議を経て、第2次世界大戦後、

WCCのシンボル

1948年に、アムステルダムにおいて、「第1回世界教会会議」が開催された。この会議に44か国から諸教派の代表が集まり、エキュメニカル運動を推進するために世界教会協議会（World Council of Churches：WCC）が発足した。WCC創設の背景には、第2次世界大戦に対する世界の教会の責任を告白し、教会が一致協力してこれからの時代に責任を担っていこうとする積極的な姿勢がうかがえる。

WCCの本部は、スイスのジュネーヴにあり、120か国以上、東方正教会、聖公会、プロテスタント諸教派の342教会から構成されている（2002年現在）。

1968年のウプサラで開催された第4回総会では、第2ヴァティカン公会議の歴史的転換により、ローマ・カトリック教会がゲストとして参加し、その後、カトリック教会はWCCとさまざまな協力関係を続けている。

ローマ・カトリック教会は、1962年から1965年にかけてヴァティカンのサン・ピエトロ大聖堂で開催された第2ヴァティカン公会議において、大きな転換をとげた。この公会議はカトリック教会にとどまらず、世界のキリスト教に、またキリスト教以外の諸宗教にも影響を与えた。公会議とは「ローマ・カトリック教会の最高の決議をする会議」と一般には理解されているが、「Concilium Oecumenicum」と呼ばれるように、「エキュメニカルな全キリスト教会の」という意味をもち、公会議の本来の性格をあらわしている。

第2ヴァティカン公会議は、教皇ヨハネ23世によって招集された。世界に対して閉鎖的な教会ではなく、開かれた教会をめざし、教会を現代の社会状況にふさわしいものに刷新することを主要なテーマとし

て掲げ、これを「アジョルナメント（現代化）」という言葉で表現し、この公会議の特徴をあらわすキーワードになった。そして、公会議では、教会が2000年にわたって受け継いできたキリスト教の福音をどのように現代の人々に伝えるか、そのためには、教会はどのように変わっていくべきか、教会は、現代の世界にどのように貢献できるか討議がなされた。公会議で討議された中で特に重要なことは、典礼（カトリック教会の礼拝儀式）の刷新、エキュメニズム、諸宗教との対話である。典礼の刷新の成果としては、典礼の各国語化、文化への適応、典礼への信者の参加があげられる。

　典礼の各国語化により、ラテン語からの翻訳ではない各国語にもとづくミサの式文や典礼書がつくられるようになった。文化への適応とは、各地の伝統的な音楽や美術を典礼に導入し、各文化に固有の儀式なども典礼にとりいれる道を開いた。典礼への信者の参加は、信者が積極的に典礼に参加し、役割を担うことがすすめられている。

　公会議で討議された内容をまとめた公文書では、従来のカトリック教会のあり方を反省し、エキュメニズムを推進し、さらにキリスト教以外の諸宗教の価値を認めて対話を促進すること、基本的な人権としての信教の自由を認めることなどが表明された。

　日本で『聖書　新共同訳』（1987年）がカトリック、プロテスタント両教会の共同作業で刊行されたことも、さかのぼれば第2ヴァティカン公会議の成果であるといえるだろう。

　2001年、WCCは「すべての暴力を克服する10年」を世界の教会に向けて表明した。その矢先にアメリカで「同時多発テロ事件」が起き、アメリカによるアフガニスタンへの報復攻撃が始まった。WCC総幹事はアメリカの教会と国民に「大きな衝撃と深い同情の念」を表明すると共に、国連のアナン事務総長に「テロリズムに対する武力報復は暴力と恐怖の増大につながるのみである」との意見を伝えた。

　このようにWCCは、21世紀を平和の世紀とするために、世界のキ

リスト教の諸教派の教会と協力してさまざまな問題と取り組んでいる。

③日本のキリスト教──アジア・キリスト教協議会（CCA）、日本キリスト教協議会（NCC）の働き

　世界教会協議会（WCC）の取り組みを、アジアの地域で担っているのがアジア・キリスト教協議会（Christian Conference of Asia：CCA）であり、日本では、日本キリスト教協議会（National Christian Council in Japan：NCC）である。CCAやNCCのエキュメニカルな活動を通して、アジアの中の日本のキリスト教に求められている役割や課題について考えてみよう。

　CCAは、1959年に発足し、北は韓国から西はパキスタン、南はニュージーランドまで22か国のキリスト教協議会と100の加盟教団より構成され、本部は香港にある。開発と奉仕、教育、国際問題などの分野で活動している。毎年CCAではテーマを決め、「アジア祈祷日」を定めて、アジアの諸教会の一致のために祈ることを訴えてきた。アジア祈祷日は、ペンテコステの一週間前の日曜日に定められているが、これは現在のCCAの前身である東アジア・キリスト教協議会（East Asia Christian Conference）が1959年のペンテコステの同時期に誕生したことに由来している。CCAの呼びかけに応じて、NCCでは、日本の教会やキリスト教学校で、アジア祈祷日を共に守るよう働きかけている。

CCAのシンボル

　NCCは、1948年に日本のプロテスタント諸教派、団体により構成され、発足した。教会の一致と協力を目的として、日本の諸教会の国際的な活動のコーディネーターとしての役割を担い、WCCやCCAとも緊密な協力関係のもとにエキュメニカルな活動を推進している。

NCCの具体的な活動を紹介しよう。NCCの「平和・核問題委員会」では、毎年「平和キャラバン」を企画し、過去の歴史を学び、多民族・多文化共生社会について考えるプログラムを実施している。

　「靖国神社問題委員会」では、信教の自由、政教分離の侵害の問題と取り組んでいる。

　「部落差別問題委員会」は、人権教育のための副読本として、『新版いばらの冠』を刊行し、キリスト教学校や教会での人権教育に力を入れている。また、「狭山事件裁判」を広く理解する機会をつくり、差別と闘っている人々との交流、学習の場を提供している。

　その他の委員会では、「障害者」差別、在日外国人差別、性差別、アイヌ民族差別などの人権侵害に取り組み、ひとりひとりのいのちが大切にされ、差別のない社会をめざして活動している。

　また、国際協力としては、中国への日本語教師の派遣、朝鮮基督教徒連盟を通しての北朝鮮への食糧支援、チェルノブイリ原発事故被害者の治療に携わる医師の支援、地雷廃絶運動など世界規模の課題、アジアの平和や人権にかかわる課題に、国内外の他宗教やNGO・NPOと共に協力して、支援活動を継続している。

　最後に、NCC教育部の活動について紹介する。教育部の活動の目標は、共生社会をつくる教育を推進していくことにある。子どものいのちと権利を守る働きを中心にして講演会や研修会を開催し、また、さまざまな交流プログラムを実施している。

　以上、見てきたようにNCCの働きは、平和、人権、国際協力などの活動と共に、幅広いエキュメニカルな運動として展開されている。キリスト教徒が少数である日本の社会にあって、諸宗教と協力して、またNGO・NPOとの連携によって、「地の塩・世の光」としての地道な歩みを続けている。私たちは、世界のキリスト教、アジアのキリスト教に目を向けて、私たちの課題を考え、平和をつくりだし、人権を守るために、私たちに何ができるのか、NCCの働きを通して学び、参加していきたい。

［参考図書］

（事典・辞典）
『岩波キリスト教辞典』岩波書店　2002年
『旧約新約　聖書大事典』教文館　1989年
『キリスト教大事典　改訂新版』同上　1968年
『キリスト教を知る事典』同上　1996年
『現代カトリック事典』エンデルレ書店　1982年
『新共同訳　聖書辞典』新教出版社　2001年
『バッハ事典』音楽之友社　1993年
『ルターと宗教改革事典』教文館　1995年

（聖書・教科書・聖書入門）
川崎正明『旧約聖書を読もう　改訂新版』日本キリスト教団出版局　1995年
大宮　溥『キリスト教とは何か　改訂新版』同上　1995年
四竈　揚『新約聖書を読もう　改訂新版』同上　1995年
本田哲郎訳『小さくされた人々のための福音』新世社　2001年
『新共同訳　旧約聖書略解』日本キリスト教団出版局　2001年
『新共同訳　新約聖書略解』同上　2000年

［第1章］
（礼拝）
北村宗次／岸本羊一編『キリスト教礼拝辞典』日本キリスト教団出版局　1977年
今橋　朗『礼拝を豊かに』同上　1995年
J. F. ホワイト、越川弘英訳『キリスト教の礼拝』同上　2000年
森野善右衛門『礼拝への招き』新教出版社　1997年

（聖書）
大島　力『聖書は何を語るか』日本キリスト教団出版局　1998年
芦名定道／土井健司／辻　学『現代を生きるキリスト教』教文館　2000年

（ガイドブック）
阿刀田高『旧約聖書を知っていますか』新潮文庫　1994年
　同上　　『新約聖書を知っていますか』同上　1996年
遠藤周作『聖書の中の女性たち』講談社文庫　1972年
三浦綾子『旧約聖書入門』光文社文庫　1984年
　同上　　『新約聖書入門』同上　1984年
W. ワンゲリン、仲村明子訳『小説「聖書」旧約篇』徳間書店　1998年
　同上　　　　　　　　　　『小説「聖書」新約篇』同上　1998年
山形孝夫『聖書物語』岩波書店　1982年
手塚治虫『手塚治虫の旧約聖書物語Ⅰ〜Ⅲ』集英社　1994年
シスター・W. ベケット、本多峰子訳『私たちの間のイエス』新教出版社　2001年
A. アリ／C. シンガー、木崎さと子監修、原田葉子訳『イエスと出会う』教文館　1997年

104

★日本聖書協会内「聖書図書館」　〒104-0061　東京都中央区銀座4-5-1
Tel. 03-3567-1995　http://www.bible.or.jp

（賛美）
『音楽大事典』平凡社　1981-83年
磯山　雅『バッハ・魂のエヴァンゲリスト』東京書籍　1985年
今橋　朗／川端純四郎／長谷川朝雄編『よくわかるキリスト教の音楽』キリスト新聞社
　2000年
辻　荘一『キリスト教音楽の歴史』日本キリスト教団出版局　1979年
横坂康彦『教会音楽史と賛美歌学』同上　1993年
『礼拝と音楽』93号（1997年）、97号（1998年）同上

（祈り）
H. ティーリケ、大崎節郎訳『主の祈り』新教出版社　1961年
カルヴァン、外山八郎訳『ジュネーブ教会信仰問答』同上　1963年
吉田隆訳『ハイデルベルク信仰問答』同上　1993年
W. バークレー、吉田信夫訳『はじめての祈り』日本キリスト教団出版局　1989年
関田寛雄『十戒・主の祈り』同上　1998年
O. ハレスビー、鍋谷堯爾訳『祈りの世界』同上　1998年

（教会）
C. W. ウィリアムズ、大隅啓三訳『教会』新教出版社　1969年
D. ボンヘッファー、森野善右衛門訳『教会の本質』同上　1976年
関田寛雄『教会』日本キリスト教団出版局　1978年
『新しい教会暦と聖書日課』同上　1999年

［第2章］
『小学国語　六年』大阪書籍株式会社
司馬遼太郎『十六の話』中公文庫　1997年
『世界がもし100人の村だったら』マガジンハウス　2001年
高史明『いのちの優しさ』ちくま文庫　1987年
岡真史、高史明・岡百合子編『ぼくは12歳』ちくま文庫　1985年
菅野　純『いじめ』丸善ブックス　1996年
豊田　充『「葬式ごっこ」八年後の証言』風雅書房　1994年

［第3章］
（レイチェル・カーソン）
R. カーソン、青樹簗一訳『沈黙の春』新潮社　1987年
　　同上、上遠恵子訳『海辺』平河出版社　1987年
　　同上、上遠恵子訳『潮風の下で』宝島社文庫　2000年
　　同上、上遠恵子訳『センス・オブ・ワンダー』新潮社　1996年
上遠恵子『レイチェル・カーソン』かもがわ出版　1993年
太田哲男『レイチェル・カーソン』清水書院　1997年

K. カドリンスキー、上遠恵子訳『レイチェル・カーソン』佑学社　1989年
P. ブルックス、上遠恵子訳『レイチェル・カーソン』新潮社　1992年
L. リア、上遠恵子訳『レイチェル』東京書籍　2002年

（マザー・テレサ）
M. マゲッリッジ、沢田和夫訳『マザー・テレサ』女子パウロ会　1976年
マザー・テレサ、カトリック広報室監訳『生命あるすべてのものに』講談社現代新書
　　1982年
和田町子『マザーテレサ』清水書院　1994年
千葉茂樹編著『マザー・テレサとその世界』女子パウロ会　1980年
E. イーガン／K. イーガン、猪原英雄訳『マザー・テレサと幸福への道』サンパウロ
　　1996年
J. L. ゴンザレス＝バラド編、渡辺和子訳『マザー・テレサ　愛と祈りのことば』PHP文
　　庫　2000年

（阿波根昌鴻）
阿波根昌鴻『米軍と農民』岩波新書　1973年
　　同上　　　『人間の住んでいる島』自費出版　1982年
　　同上　　　『命こそ宝』岩波新書　1992年
亀井　淳『反戦と非暴力』高文研　1999年

★伊江島反戦平和資料館『ヌチドゥタカラの家』　〒905-0502　沖縄県伊江村東江前
　　2300-4　Tel. 0980-49-3047
記録映画・ビデオ　高岩仁監督『教えられなかった戦争・沖縄編　阿波根昌鴻・伊江島
　　のたたかい』映像文化協会　Tel. 045-981-0834

（中村　哲）
中村　哲『アフガニスタンの診療所から』筑摩書房　1993年
　　同上　　『ペシャワールにて』石風社　1989年
　　同上　　『医者井戸を掘る』同上　2001年
　　同上　　『ダラエ・ヌールへの道』同上　1993年
　　同上　　『医は国境を越えて』同上　1999年
　　　　　　『中村哲さん講演録』ピースウォーク京都　2002年

★ペシャワール会　〒810-0041　福岡市中央区大名1丁目10-25　上村第2ビル307号
　　Tel. 092-731-2372

[第4章]
石井研士『現代日本人の宗教』新曜社　1997年
金井新二『現代宗教への問い』教文館　1997年
井筒俊彦『イスラーム文化』岩波文庫　1991年
板垣雄三編『「対テロ戦争」とイスラム世界』岩波新書　2002年
菅原伸郎『宗教をどう教えるか』朝日新聞社　1999年

山折哲雄『宗教の話』同上　1997年

大村英昭／西山茂編『現代人の宗教』有斐閣　1988年

NHK放送世論調査所編『日本人の宗教意識』日本放送出版協会　1984年

徳善義和・百瀬文晃編『カトリックとプロテスタント』教文館　1998年

井上洋治『キリスト教がよくわかる本』PHP研究所　1989年

AERA MOOK『キリスト教がわかる』朝日新聞社　2002年

『礼拝と音楽』90号（1996年）日本キリスト教団出版局

★日本キリスト教協議会（NCC）　〒169-0051　東京都新宿区西早稲田2-3-18
　日本キリスト教会館内　Tel. 03-3203-0372
　http://www.jca.apc.org/ncc-j/index.html

★日本キリスト教協議会教育部　（住所・同上）　Tel. 03-3203-0731

おわりに

　本書をまとめるにあたり、キリスト教学校に入学し、はじめてキリスト教に出会う若い人々が、現代のキリスト教に関心を持ち、キリスト教を知るきっかけとなる材料を提供しようと心がけたつもりである。
　本書の基本的なスタンスは、キリスト教を知るためのガイドブックとしての役割にある。従来のキリスト教入門書と違うとすれば、教える要素よりも、課題を示し読者と共に考えていく方向をめざしているからである。そのような方法を採用した理由は、キリスト教を教える立場で、展開されてきた授業のあり方を見直す必要があると筆者は感じているからである。知識を教えることを否定するのではなく、授業では、生徒がキリスト教への関心をどのように抱くかの工夫が切に望まれているからだ。往々にして、知識が先行して生徒の関心を遠ざけているとすれば、注意を払う必要がある。本書で意見交換や話し合いを取り入れているのは、一方通行ではなく、双方向の授業をめざしているからである。生徒が、自分から興味を抱くよう適切な配慮をしながら、本書を用いていただければ幸いである。

　最後に、本書をまとめるにあたって、多くの方々に協力いただいたことに深く感謝する。写真を提供して下さった写真家の桃井和馬さん、日本レイチェル・カーソン協会の上遠恵子さん、ヌチドゥタカラの家の謝花悦子さん、映画監督の高岩仁さん、ペシャワール会の中島文子さん、女子パウロ会の柳沢チエさん、渡辺禎雄聖書版画の転載を快諾して下さった渡辺春江さん、そして、『現代日本人の宗教』より図表

の転載を快諾して下さった宗教学者の石井研士さんに心から感謝する。

　本書の出版のお世話をいただいた日本キリスト教団出版局編集部に心から感謝する。

　2002年10月31日

本田栄一

本田栄一　ほんだ・えいいち

1949 年、東京に生まれる。
1975 年、国際基督教大学大学院修士課程修了。
北陸学院、女子学院中学高校教員を経て、
前・桜美林中学高校校長。
2020 年、死去。

著書　『改訂新版　イエスを訪ねて』（日本キリスト教団出版局）
監修　『マイ・バイブルノート』（同）
共著　『わたしたちの祈り 50』（同）

キリスト教との出会い

はじめて知るキリスト教

2002 年 12 月 10 日　初版発行　　　　　Ⓒ 本田栄一　2002
2020 年　3 月 25 日　10版発行

著　者　本　田　栄　一
発　行　日本キリスト教団出版局
169-0051　東京都新宿区西早稲田 2 丁目 3 の 18
電話・営業 03 (3204) 0422、編集 03 (3204) 0424
http://bp-uccj.jp/

印刷・製本　三秀舎

ISBN 978-4-8184-0474-8　　C0016　日キ販
Printed in Japan